PROGRAMA CLÁSICO

MANUAL DEL FACILITADOR

Trauma Healing Institute
God's Word Restoring Lives

PARA SER USADO CON EL LIBRO

Sanar las heridas del corazón:
La iglesia puede ayudar

AMERICAN BIBLE SOCIETY

Manual del facilitador, programa clásico
Para ser usado con el libro *Sanar las heridas del corazón: La iglesia puede ayudar*

Editado en inglés por Harriet Hill, Margaret Hill, Dana Ergenbright y Peter Edman.
Editado y traducido al español por Juan G. Rojas Hernández
Abril de 2018

ISBN 978-1-941448-68-7 (ABS item 124545): Manual del facilitador
ISBN 978-1-941448-69-4 (ABS item 124546): Manual inicial del facilitador

Agradecimientos a:
Pam Daams, Robin Downs, Bill y Lorraine Foute, Carol King, Diane Langberg,
Margi McCombs, Pat Miersma, Phil Monroe, Hilary Warner y Debbie Wolcott
por su invaluable contribución a este manual.

Ilustraciones por Ian Dale

Instituto *Trauma Healing* de *American Bible Society*
TraumaHealingInstitute.org
traumahealing@americanbible.org

AMERICAN BIBLE SOCIETY

101 North Independence Mall East
Philadelphia PA 19106

Fundamento y punto de partida

Fuimos creados para vivir con Dios por siempre,
que nos ama y nos trae a la existencia.
Nuestra respuesta de amor permite que la vida divina
fluya a nuestros corazones sin medida.

Todas las cosas creadas son un regalo de Dios,
que se nos ofrecen para que lo conozcamos con facilidad
y respondamos a su amor con prontitud.

De donde se sigue que debemos usarlas
solo en la medida en que nos permitan crecer como personas que aman.
Pero, si tales regalos se convierten en el centro de nuestras vidas,
desplazan a Dios
y traban nuestro ascenso a tal destino.

Entonces, día a día, debemos mantener el control
al encontrar las cosas creadas, ya que tenemos libertad
y no somos sus esclavos.
No debemos fijar nuestros deseos en salud o enfermedad,
riqueza o pobreza, éxito o fracaso, larga o corta vida;
porque cada cosa tiene dentro de sí la posibilidad de llamarnos
a vivir en Dios de una manera más profunda.

Nuestro único deseo y elección en la vida debe ser:
desear y elegir aquello que más nos acerque
a tener la vida de Dios en el corazón.

Los ejercicios espirituales de Ignacio de Loyola
En palabras de David L. Fleming, S.J.

Traducido y usado con permiso del libro *Hearts on Fire: Praying with Jesuits*, ed. Michael Harter, S.J., © 1993 *Institute for Advanced Jesuit Studies*, Boston College, Chestnut Hill, MA.

ÍNDICE

Dedicado a
LOS FACILITADORES DEL PROGRAMA
alrededor del mundo quienes traen
luz a los lugares oscuros,
reparación a los corazones heridos,
y consuelo a quienes lloran

Ellos son «robles victoriosos, plantados por el Señor»
(Isaías 61:3).

Introducción y presentación del programa

Este libro está diseñado para que los aprendices ayuden a las personas heridas, usando el libro *Sanar las heridas del corazón: la iglesia puede ayudar,* el programa clásico basado en la Biblia, para sanar las heridas del trauma en adultos.

El siguiente diagrama resume el proceso del programa «Sanar las heridas del corazón» tal y como es vivenciado por los participantes:

**DIAGRAMA DE LA EXPERIENCIA DE
«SANAR LAS HERIDAS DEL CORAZÓN»**

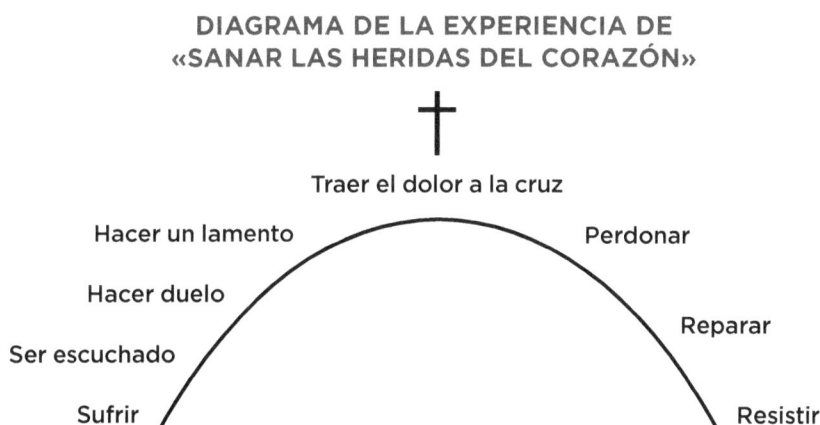

Traer el dolor a la cruz

Hacer un lamento

Hacer duelo

Ser escuchado

Sufrir

Perdonar

Reparar

Resistir

Cuando una persona experimenta una pérdida o sufrimiento su corazón queda herido. Para que esas heridas del corazón puedan sanar, las personas deben expresar su dolor a alguien que los escuche, sin que les cause más daño. Deben aceptar el dolor que causa la pérdida y hacer duelo para que esos sentimientos no queden enterrados vivos en sus corazones y deben expresar, con franqueza, sus sentimientos a Dios en forma de lamento. Una vez este dolor es identificado y nombrado, las personas pueden traerlo a Cristo, quien murió en la cruz para destruir nuestros pecados y sus consecuencias. Algunas de esas consecuencias son: muerte, dolor, enfermedad, hostilidad y abuso. Cuando experimentamos las manos sanadoras de Cristo, empieza el perdón hacia aquellos que nos han herido y la reparación de nuestras vidas y comunidades. Esto se transforma, por último, en fortaleza para resistir el sufrimiento futuro.

ESTRUCTURA DEL PROGRAMA

El programa para sanar el trauma, del Instituto *Trauma Healing,* incluye las siguientes etapas:

- **Sesión de información**: El objetivo de esta sesión, también llamada de concientización, es brindar a los líderes principales de una comunidad la suficiente información sobre el programa para que ellos decidan si quieren integrarlo en su ministerio. De esta manera, el programa empieza en un ambiente de mutua colaboración.

- **Sesiones de capacitación**: El objetivo es capacitar a los facilitadores. A través de una sesión de capacitación inicial, aprenden los principios básicos de las Sagradas Escrituras y salud mental sobre el tratamiento del trauma. También exploran su propio trauma y traen estas heridas a Cristo para ser sanadas. Más aún, aprenden a ayudar a otros a sanar las heridas del trauma. Los asistentes a la capacitación implementarán lo aprendido en dos grupos para sanar, y luego acudirán a una sesión de capacitación avanzada para completar el entrenamiento básico.

- **Grupos para sanar**: El objetivo es ayudar a que las personas sanen las heridas de su corazón, interactúen con la palabra de Dios y se vuelvan más resistentes a la adversidad. Si algunos participantes de los grupos para sanar quieren llegar ser facilitadores, pueden desarrollar las lecciones adicionales del programa en una sesión de capacitación. A su debido momento, aprenderán a facilitar cada una de las lecciones.

- **Sesión especial de grupos para sanar**: El objetivo es responder a una necesidad específica cuando esta ocurra. Puede ser una lección o actividad, o parte de una lección —algo más pequeño que las lecciones principales. Al concentrarse en un problema en particular, puede crear interés en un grupo para sanar.

- **Comunidad de práctica**: El objetivo es reunir a facilitadores, administradores y profesionales en el campo de la salud mental, y promotores de las organizaciones e iglesias que trabajan con los sobrevivientes del trauma, para crear redes de apoyo. De esa manera, pueden incentivar la colaboración, ayudar al desarrollo profesional, brindar apoyo mutuo y oración. Este es el factor de mayor impulso del tratamiento del trauma en un país o región.

MATERIALES DE TRABAJO

Los materiales del programa están dirigidos, con propósitos específicos, a diferentes audiencias:

- *Sanar las heridas del corazón, la iglesia puede* ayudar. El libro principal del programa clásico para adultos. También se encuentra disponible un manual de ayuda adicional para facilitadores, *Programa clásico, manual del facilitador.* La primera parte de este manual es publicado por separado bajo el título *Programa clásico, manual inicial.*

- *Libro de recursos bíblicos.* Para aquellos que están en un grupo para sanar y no tienen la Biblia, o no están muy familiarizados con ella, este folleto es de gran ayuda. Contiene las ideas principales de cada lección acompañadas de los correspondientes textos bíblicos. Los participantes de grupos para sanar pueden utilizarlo para repasar lo aprendido y meditar en los pasajes de la Biblia.

- *Club sanar corazones, historias y actividades* y *Sanar las heridas del corazón de los niños, libro del facilitador.* Es un programa orientado a los niños de 8 a 13 años de edad. Presenta el mismo contenido de *Sanar las heridas del corazón*, pero a través de historias, juegos, ejercicios, manualidades y actividades.

- *Sanar las heridas del corazón: historias.* Está orientado a narradores de historias. Presenta las mismas ideas de *Sanar las heridas del corazón,* pero a través de historias bíblicas, anécdotas basadas en la vida real, ejercicios y versículos transformados en canciones. No requiere la alfabetización ni de los facilitadores ni de los participantes de los grupos para sanar. También está disponible el *Libro de historias* con una guía de discusión y un manual para facilitadores.

- *Sanar las heridas del corazón: audio.* Incluye grabaciones de dramatizaciones y canciones bíblicas hechas por profesionales para ser discutidas en grupos pequeños o transmitidas por radio u otros medios de comunicación.

- Sitio Web: TraumaHealingInstitute.org. Contiene información sobre los programas de tratamiento del trauma en todo el mundo. Incluye una lista de los próximos eventos e información en inglés, francés, español y muchos otros idiomas. Se puede acceder a una parte del sitio a través de una clave. Ahí encontrará información adicional: manuales, lecciones complementarias, materiales para sesiones de información, exámenes, formularios, certificados y un blog para facilitadores. Facilitadores y administradores pueden pedir una clave a través del sitio web.

- *Base de datos en línea:* La base de datos (administrada por *Teamdesk*) registra la información de los facilitadores, los programas y las traducciones. Facilitadores y administradores pueden pedir acceso a través del correo electrónico: traumahealing@americanbible.org.

- *Manual para la elaboración de materiales.* Brinda información sobre cómo contextualizar materiales, hacer traducciones o solicitar licencias de publicación.

Los materiales para el tratamiento del trauma están disponibles a través de la Sociedad Bíblica de su país o del sitio web: traumahealinginstitute.org

CÓMO CONVERTIRSE EN UN FACILITADOR DEL TRATAMIENTO DEL TRAUMA

Asista a una **sesión de capacitación inicial**

■ = Certificación

APRENDIZ DE FACILITADOR

(se vence a los 24 meses)

Lidere **dos grupos para sanar**
abarcando, al menos, las lecciones principales
(para obtener experiencia)

Envíe los informes

Asista a una **sesión de capacitación avanzada**
(6 o 9 meses después de la sesión inicial)

FACILITADOR DE GRUPOS PARA SANAR

Inicie un ministerio de grupos para sanar

opcional
(con más experiencia)

FACILITADOR DE CAPACITACIONES

Lidere **grupos para sanar**

Lidere **sesiones de capacitación inicial** junto con otros facilitadores de capacitación

Certifique nuevos aprendices de facilitadores

Lidere **sesiones de capacitaciones avanzada** junto a un maestro facilitador

Posiblemente sea invitado a ser

MAESTRO FACILITADOR EN ENTRENAMIENTO

Lidere sesiones avanzadas con un maestro facilitador

MAESTRO FACILITADOR

Lidere sesiones avanzadas

Certifique facilitadores de grupos para sanar y facilitadores de capacitación

Innove, resuelva problemas, contextualice, cree estrategias

COMPETENCIAS REQUERIDAS

- Que sea capaz de cuidar el bienestar propio
- Que sea capaz de trabajar en equipo
- Que pueda ayudar a personas traumatizadas (escuchándolas, respetando la confidencialidad, entre otras cosas)
- Que sea capaz de liderar grupos de forma participativa
- Que demuestre comprensión integral del contenido

Cómo organizar un grupo para sanar

CONTENIDO DEL PROGRAMA

Un grupo para sanar incluye, por lo menos, las lecciones principales (1, 2, 3, 8 y 9). Cada lección requiere de entre hora y media a tres horas. Las reuniones pueden hacerse durante varios días consecutivos, a manera de retiro, o una vez por semana a lo largo de varios meses.

Las expresiones artísticas al final de la lección 2 y el ejercicio de lamentos al final de la lección 3 son de gran ayuda, por eso se recomienda realizarlos. Pueden realizarse durante una reunión de grupo, o explicarlos en grupo, dejarlos como tarea para la casa, y discutirlo en la siguiente reunión.

De las lecciones 4, 5, 6, 6A, 6B, 6C y 7, seleccione las que más se acomoden a las necesidades de su grupo y al tiempo disponible, ya que tal vez no tenga tiempo de abarcarlas todas.

No imparta la lección 8 antes de haber presentado las lecciones de la 1 a la 3 y tantas lecciones opcionales (de la 4 a la 7) como fuese posible, de modo que los participantes puedan reflexionar con anterioridad sobre sus propias heridas. La Lección 9 debe ser presentada después de la Lección 8 porque es más fácil perdonar después que las heridas han empezado a sanar.

Elija las lecciones 10, 11 y 11A de acuerdo a las necesidades del grupo y del tiempo de que se disponga.

Durante la ceremonia del perdón, grupos e individuos tienen la oportunidad de confesar la amargura y las ofensas cometidas en contra de otros, y de recibir el perdón de Dios. Esta puede hacerse como última reunión del grupo para sanar.

Al principio de cada lección, hay una historia que ilustra el problema sobre lo que trata la lección. Estas historias deben ser leídas en voz alta y dialogadas después. El objetivo es hacer pensar a los participantes e invitarlos a compartir sus ideas. Las historias pueden ser adaptadas a las circunstancias culturales.

Una parte muy importante del proceso para sanar es que los participantes compartan sus experiencias de trauma y dolor. Hay muchas oportunidades para ello a través de las lecciones. Este compartir debe realizarse sin levantar acusaciones ni ser muy detallados, ya que otras personas se pueden incomodar.

Tome tiempo para buscar las referencias bíblicas de la lección y léalas en voz alta. Es la Palabra de Dios la que da vida y alimento al alma.

PERSONAS INVOLUCRADAS

A menudo, los facilitadores prefieren trabajar en parejas, sobre todo, si hay que preparar dos lecciones para una sola reunión. Sin embargo, un solo facilitador puede liderar un grupo pequeño de seis o doce personas por un buen tiempo. Si el grupo incluye más de doce personas, debe dividirse en grupos más pequeños (de seis personas) durante los diálogos y las actividades para garantizar la participación de cada persona. Cada grupo pequeño debe tener un facilitador. Si el grupo es de seis u ocho participantes, debe dividirse, de vez en cuando, en grupos más pequeños de dos o tres personas.

Cada grupo debe formarse con personas que sean capaces de compartir los temas con confianza. Esto varía de acuerdo a la cultura. Organice los grupos teniendo en cuenta esos factores, por ejemplo: si las mujeres no pueden hablar en la presencia de los hombres; o los jóvenes, en frente de los adultos. Las personas no necesitan compartir la misma clase de trauma para conformar un grupo. Los efectos del trauma y la manera de sanarlos son similares, cualquiera que sea la causa del trauma.

LOGÍSTICA DEL GRUPO PARA SANAR

Para iniciar un grupo para sanar debe conseguirse primero una certificación a través de un líder autorizado.

Se puede invitar a un grupo para sanar de forma personal o con un anuncio público. En el sitio web del Instituto *Trauma Healing,* hay diseños de volantes disponibles, que pueden personalizarse para este propósito.

En cuanto al lugar, el grupo puede reunirse en una casa o en un salón de la iglesia. Los participantes deberán sentarse de tal manera que puedan interactuar entre ellos: un círculo o mesa redonda. El grupo puede convenir si se sirven refrescos, y sobre la manera para hacerlo.

Comience y termine la sesión en el tiempo establecido. Si algunos quieren dialogar por más tiempo, indique el cierre de sesión para que los participantes que quieran irse puedan hacerlo y, después, los que quieran pueden seguir la conversación.

Asegúrese de que todas las personas puedan comprender el lenguaje que se usa en las sesiones (tal vez sea necesario un intérprete). Distribuya los materiales en un idioma que los participantes puedan leer.

Los grupos para sanar son parte de un ministerio local y no deberían necesitar fondos externos, salvo para los materiales. En muchos casos, los participantes o la comunidad pueden cubrir, al menos, el costo del *Libro de recursos bíblicos.*

Muchas veces, algunos participantes del grupo para sanar deciden avanzar y convertirse en facilitadores. Ellos pueden hacerlo a través de una sesión de capacitación completa; o revisando, con ayuda de un facilitador certificado, las lecciones de *Sanar las heridas del corazón* y abarcando los temas de logística.

Envíe un *Informe de grupo para sanar* al finalizar las sesiones (véase la página 123). El grupo puede decidir continuar el proceso cubriendo materiales de estudio bíblico.

Los testimonios de cómo Dios está sanando a las personas del grupo pueden ser aprovechados para darle gloria a Dios y animar a otras personas para colaborar con el ministerio. Si quiere compartir el testimonio de los participantes con otras personas, obtenga primero la debida autorización. Nunca los obligue. Si ellos están dispuestos, pídales que firmen la *Autorización para la difusión de testimonios y grabaciones*. Si es posible, permítales revisar los testimonios antes de ser publicados y deles la oportunidad para retirar, si desean, la autorización. El bienestar de los participantes debe ser la prioridad.

Obtenga, además, el permiso para el uso de material fotográfico. Utilice formas de autorización individuales o grupales de acuerdo al caso (ambas se encuentran en la página 122).

MATERIALES

Los participantes del grupo para sanar deben tener una copia del libro *Sanar las heridas del corazón,* o del *Libro de recursos bíblicos.*

Si los miembros del grupo no conocen las mismas canciones, prepare una hoja con canciones que todos puedan cantar juntos. En el sitio web puede descargarse una hoja de canciones.

Si el grupo es grande o sus integrantes no se conocen entre ellos, puede ser útil preparar etiquetas con los nombres.

Los certificados de participación pueden ser importantes en algunos contextos (véase la página 121 o descárguelos del sitio web).

Para la realización del ejercicio de expresión artística y el ejercicio de lamentos se necesita papel, marcadores y bolígrafos. Además, se recomienda tener disponible pañuelos faciales desechables.

Se necesitan una cruz y fósforos para el ejercicio «Lleve su dolor a la cruz»; y un lazo con el cual atar a dos personas para el ejercicio sobre el perdón.

TÉRMINOS DE CONFIDENCIALIDAD

En repetidas ocasiones la Palabra de Dios nos advierte en contra de las habladurías, y nos recuerda que una persona digna de confianza sabe guardar un secreto.

El proceso para sanar el trauma requiere un espacio seguro donde las personas puedan explorar sus heridas e interactuar con el programa. A los miembros de los grupos para sanar se les pide, como condición para participar, que no compartan la información de otros miembros del grupo —uno puede compartir su historia personal pero nunca la de los demás, a menos que tenga el debido permiso.

El facilitador también deberá mantener la confidencialidad. No obstante, existen varias situaciones en las que es necesario que el facilitador comparta la información con otros:

1. **Abuso de menores**: Si durante el curso de un grupo para sanar, un facilitador es informado sobre un menor que está siendo abusado física o sexualmente, debe reportar esto a las autoridades (la policía o una línea directa de ayuda). Después, si es apropiado, también lo debe informar a la iglesia o al pastor. En muchos lugares, no reportar estos casos acarrea consecuencias legales. Los requerimientos y las consecuencias varían de lugar en lugar; infórmese sobre las exigencias de la ley en su área.

   Debemos reportar los casos de abuso no solo para evitar las consecuencias legales, sino porque la protección de los vulnerables, especialmente los niños, es una parte fundamental de la fe cristiana (Mateo 18:6; Proverbios 31:8; Salmo 82:3–4; Deuteronomio 24:17; Santiago 1:27). Los cristianos tienen que alzar su voz y buscar la justicia para aquellos que la necesitan. Esto es mucho más que cumplir con el requerimiento legal mínimo. Reportar el abuso de menores es lo mejor para la iglesia y las víctimas, incluso si al principio causa algún malestar. Si su iglesia local no tiene desarrollada una política o un proceso de prevención de abuso a menores, hable con las autoridades locales y ayude a planificar dichos procedimientos.

2. **Abuso de ancianos y personas con discapacidades**: Aunque la ley no obliga a los facilitadores a reportar este tipo de abuso (como sí lo hace en el caso de los niños), este es altamente recomendado.

3. **Abuso de adultos**: Los facilitadores no están obligados por ley a reportar el abuso físico o sexual en contra de adultos, y en algunos casos esto puede incluso perjudicar a la víctima. No debe reportarse estos casos sin la autorización de la víctima ni se le debe imponer. Todas las decisiones deben estar orientadas a la búsqueda de la seguridad y la víctima debe ser incluida dentro de los planes mientras sea posible.

4. **Suicidio**: Los facilitadores y las personas que *no* son profesionales de salud mental no están obligados a reportar una persona suicida. No obstante, algunas medidas preventivas deben ser consideradas (véase Lección 6B) y llamar a la policía.

5. **Homicidio**: Si el facilitador se da cuenta de que un participante tiene la intención de herir a otra persona, el facilitador está en la libertad de avisar a la posible víctima y deberá considerar seriamente dar aviso a las autoridades.

Cómo facilitar un grupo para sanar

Para facilitar exitosamente un grupo para sanar se requieren tres cosas: aprendizaje participativo, el buen uso de las ayudas visuales y saber manejar las dinámicas de grupo.

EL APRENDIZAJE PARTICIPATIVO

Aprendizaje participativo es parte esencial del proceso de tratamiento del trauma. Es más efectivo que los métodos convencionales de enseñanza, porque las personas recuerdan:

- 20 % de lo que escuchan
- 30 % de lo que ven
- 70 % de lo que dialogan con otros
- 80 % de lo que experimentan
- 95 % de lo que les enseñan a otros

El aprendizaje participativo es, además, una parte fundamental en el proceso de sanar ya que brinda una oportunidad de interactuar y contar lo que pasó.

Entre menos diga el facilitador, más aprenden los participantes. El aprendizaje participativo también respeta el conocimiento y la experiencia de los miembros del grupo, y les permite interactuar personalmente con el contenido. La mejor experiencia de aprendizaje es aquella en la que se utilizan, al mismo tiempo: la mente, los sentimientos y el cuerpo. Hacer

> Ninguno de nosotros es tan inteligente como todos nosotros juntos.

la clase divertida también ayudará al aprendizaje. Entre más creativo, mejor. Déjese asombrar por la creatividad de las personas.

Tome el pulso del grupo y haga lo necesario para lograr que haya cierta fluidez. El aprendizaje participativo significa que uno renuncia a controlarlo todo y toma el riesgo de dejar que las personas compartan, aunque muchas veces no sepamos qué van a decir. ¡Un riesgo que vale la pena!

Busque un momento pedagógicamente aprovechable: Cuando alguien haga una pregunta, procure responderla, aunque no haya planeado tratar ese tema. Sea flexible y responda a la pregunta. Puede preguntarle primero al grupo qué piensan ellos y luego agregar su propia respuesta. Algunas veces, las personas hacen preguntas que no tienen que ver con el tema de la lección, designe una parte de la pizarra donde pueda dejar las preguntas para después. No olvide encontrar el momento adecuado para responderlas.

MODELO BÁSICO DE APRENDIZAJE PARTICIPATIVO

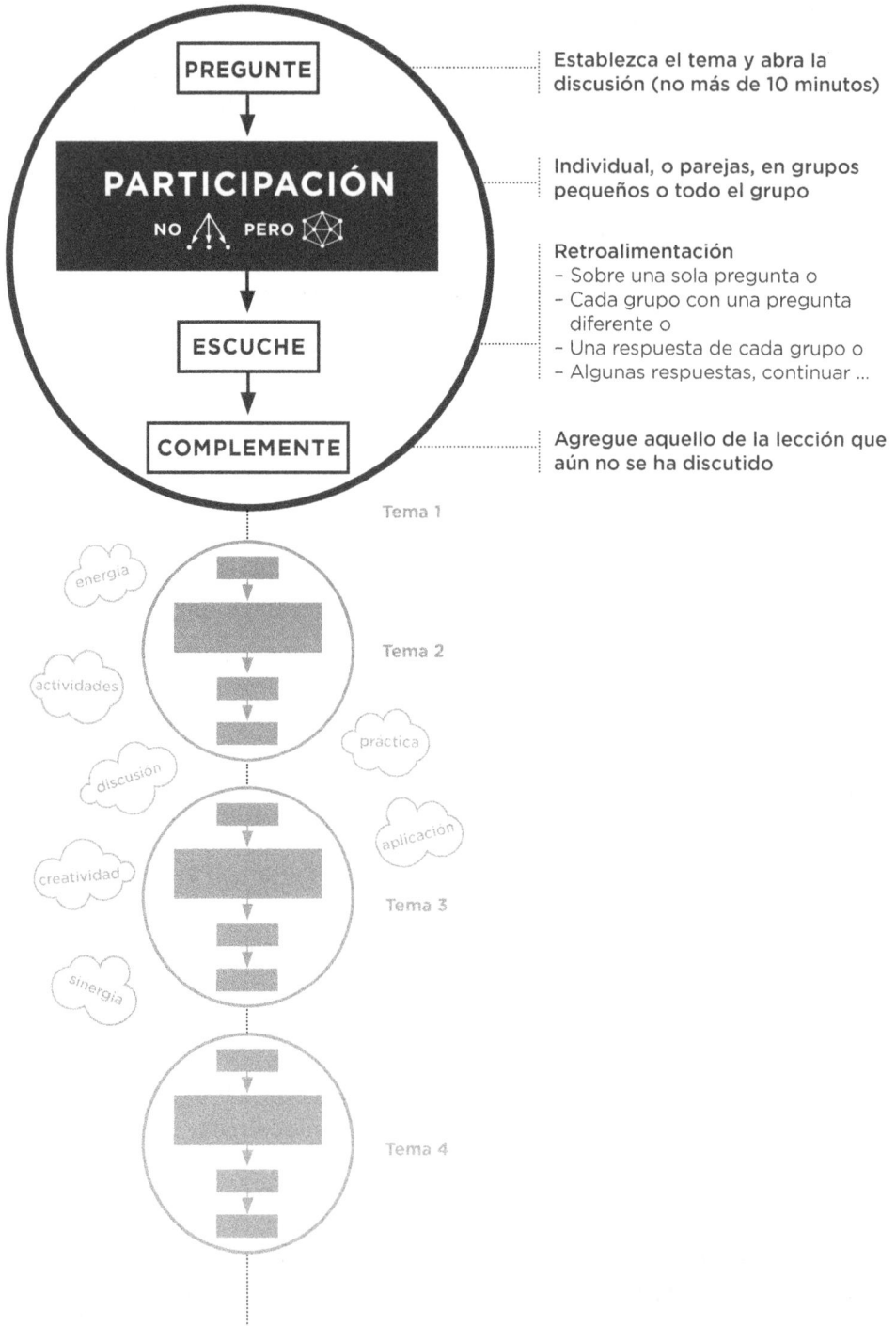

PREGUNTE

PARTICIPACIÓN

NO ⚠ PERO ⬡

ESCUCHE

COMPLEMENTE

Establezca el tema y abra la discusión (no más de 10 minutos)

Individual, o parejas, en grupos pequeños o todo el grupo

Retroalimentación
– Sobre una sola pregunta o
– Cada grupo con una pregunta diferente o
– Una respuesta de cada grupo o
– Algunas respuestas, continuar ...

Agregue aquello de la lección que aún no se ha discutido

Tema 1

energía

actividades

Tema 2

práctica

discusión

aplicación

creatividad

Tema 3

sinergia

Tema 4

Cree un espacio seguro: No obligue a las personas a compartir ni les cause una vergüenza diciendo públicamente que no están de acuerdo con ellas. Tome tiempo para discutir las condiciones de confidencialidad (página 13). Use etiquetas para los nombres.

Planifique la lección: Piense primero en cómo hacer que *el grupo* comparta más, y no en lo que usted va a compartir. Diga solo lo suficiente para introducir el tema y haga las preguntas para dialogar (o dé las instrucciones para las actividades). Estas preguntas o instrucciones tienen que ser claras y contribuir al desarrollo de la lección. Las preguntas del libro han sido diseñadas cuidadosamente; si usted desea usar preguntas diferentes, cerciórese primero de que funcionen.

Durante las discusiones pida que cierren los libros; y mientras ellos comparten, planifique lo que seguirá a continuación.

Una vez que el grupo participe, pregunte sobre el conocimiento que puedan tener sobre un tema para cubrir solo lo necesario sin ser repetitivo. Después continúe con la siguiente sección de la lección. Véase el diagrama de la página 16.

Tanto como sea posible, que los participantes **practiquen** nuevas habilidades, entre ellas: la escucha, escribir un lamento, escribir una carta dirigida a un ser querido que se ha suicidado, entre otras.

Dé tiempo para que ellos **apliquen** lo aprendido a sus vidas. Las lecciones están llenas de oportunidades para hacer esto. También puede diseñarse un formulario, que el grupo puede llenar al final de cada lección o al final del día, para reflexionar sobre el contenido de la lección.

REFLEXIÓN PASA SANAR
¿Qué es lo que usted quiere recordar y usar de cada tema?

1. Si Dios nos ama, por qué experimentamos el sufrimiento	
2. Cómo pueden sanarse las heridas del corazón	
Y así sucesivamente	

La administración del tiempo es un arte. Sea realista sobre cuánto puede abarcarse en el tiempo asignado. Guíe al grupo sin dar la impresión de que no tiene el tiempo suficiente. No hay por qué decir cosas como «no tenemos tiempo, entonces omitiremos esto o aquello». Usted puede omitirlas, pero no hay necesidad de anunciarlo. La brevedad es mejor: No se convierta en un profesor. Procure la participación y omita algunas partes del contenido.

EL BUEN USO DE LAS AYUDAS VISUALES

Ayudas visuales incluyen todo lo que facilite la memorización de lo aprendido, desde escribir en el pizarrón hasta la utilización de objetos.

Cuando escriba en el pizarrón recuerde:

- Escriba solo lo importante: Si lo escribe todo, será más difícil identificar lo que es importante; además, se vuelve monótono. Recuerde que «si es breve es dos veces bueno».

- Escríbalo con claridad y grande: No sirve de nada si las personas no pueden leer lo escrito.

- Párese a un lado de lo escrito, y no al frente, para que las personas puedan leerlo.

- *Los diálogos son lo más importante*. La ayuda visual debe fomentar el diálogo y no robarse toda la atención.

- Si alguien le ayuda a escribir, dele tiempo de terminar antes de seguir adelante.

- Si los grupos escribieron sus respuestas en hojas grandes de papel, deje que ellos las presenten sin necesidad de escribirlas de nuevo en el pizarrón.

El sanar el trauma es un programa de participación y cada grupo es diferente. No se recomienda el uso de computadores o de diapositivas ya que pueden distraer al facilitador y no permitirle que ponga atención a las dinámicas particulares del grupo.

Durante las sesiones de capacitación, use ayudas visuales que después los participantes puedan usar cuando ellos faciliten grupos. Sea consciente de los costos, tecnología y otros factores.

CÓMO MANEJAR LAS DISTINTAS DINÁMICAS DE GRUPO

Los siguientes son algunos desafíos que usted puede encontrar en un grupo, y algunas ideas para responder a ellos.

Problemas	Posibles soluciones
El hablador: Esta persona puede hablar demasiado y dominar la discusión.	— Vamos ahora a escuchar a otra persona. Algunas veces estas personas no se dan cuenta de que están dominando, y usted debe hablar con ellas en privado.

Problemas	Posibles soluciones
	— ¿Qué piensas de esta pregunta?
El callado: Esta persona no dicen nada en absoluto.	No obligue a una persona silenciosa a compartir, si no quiere hacerlo; pero cree oportunidades en caso de que sí quiera.
El fuera-de-tema: Esta persona puede desviar cualquier tema por un camino distinto al trazado por el facilitador.	Retome la conversación. Guíe al grupo a la pregunta del diálogo. Designe una parte del pizarrón para las preguntas aplazadas para otro momento (véase la página 15).
El malinformado: Persona con la información incorrecta.	Pregúntele al grupo si alguien más quisiera hacer un comentario. Dentro de lo posible, deje que el grupo se corrija a sí mismo; pero no deje información equivocada sin corregir.
El agobiado: Alguien puede comenzar a sollozar y a sentirse abrumado sin ser capaz de controlar sus emociones.	Encuentre a alguien que pueda ir con la persona afligida a un lugar tranquilo donde puedan conversar.
El agobiador: Alguien puede contar su historia de un modo tan gráfico que puede traumatizar a otros.	Antes de comenzar, oriente a los participantes sobre el modo adecuado de compartir las historias y pídales que no ahonden en todos los detalles, ya que esto puede incomodar a otros.
El espiritualizador: Algunas personas pueden espiritualizarlo todo, tienen un versículo bíblico para todo, minimizan el dolor de los demás o tratan de «solucionar» el problema de todos, en vez de escuchar.	Antes de que el grupo comience, deje en claro que el objetivo es escuchar, y no «solucionar» el problema de los demás.
El ofensivo: Algunas personas pueden hacer comentarios inadecuados sobre la cultura o la fe de los otros.	Asegúrese de que nadie se sienta marginado por otros en el grupo. Es posible que usted necesite hablar en privado con alguien que es ofensivo.

EJERCICIOS PARA LA PRÁCTICA DE LA FACILITACIÓN

Los ejercicios para practicar la facilitación de grupos permiten obtener experiencia en un ambiente seguro y con la ayuda de otros.

Como preparación para el ejercicio en un grupo pequeño, cada persona elije una sección del libro que ya haya visto en la capacitación (excluyendo la sección 8), y que pueda ser enseñada en **diez minutos**. Cada persona debe seleccionar una sección diferente. Los participantes no deben seleccionar las historias que hay al comienzo de las lecciones, sino que deben asumir que el grupo ya las conoce.

Los diez minutos deben incluir: (1) la presentación del tema y hacer una **pregunta,** (2) permitir que el grupo interactúe y **participe,** (3) **escuchar** los comentarios del grupo, (4) **complementar** lo que no se ha hablado aún. Use el diagrama de la derecha para estructurar la sesión de diez minutos.

Las siguientes secciones del libro se ajustan a este tiempo: L1, sección 2; L2, sección 2; L3, sección 3; L4, sección 2; L5, sección 4 y L6, secciones 4–5.

> **EJERCICIO PARA LA PRÁCTICA DE LA FACILITACIÓN DE GRUPOS**
>
> (10 MIN EN TOTAL)
>
> Estructura sugerida:
>
> **Pregunte** (2 min)
>
> **Participación** (3 min)
>
> **Escuche** (3 min)
>
> **Complemente** (2 min)

Sus habilidades para facilitar serán evaluadas en una escala de 1 a 10, siendo 10 el excelente.

- *Muy bien* (10–9 puntos): Comunicó el material del libro con mucha claridad y precisión, organizó muy bien la participación grupal, respondió muy bien a las preguntas y creó una muy buena dinámica en el grupo. Es una experiencia de aprendizaje agradable.
- *Bueno* (8–7 puntos): Comunicó el material del libro con claridad y precisión, organizó bien la participación grupal, respondió bien a las preguntas. Presenta algunas dificultades menores en el manejo del grupo.
- *Aceptable* (6–5 puntos): Comunicó el material del libro con precisión, hubo algo de participación grupal. La presentación o la participación grupal no se planearon bien o no fueron claras, tiene cierta dificultad para responder preguntas y en el manejo del grupo.
- *Regular* (4–3 puntos): Predica o hace de profesor con poca o ninguna participación grupal, o la presentación es confusa o imprecisa, o se enfoca en temas que no se encuentran en el libro. No responde a las preguntas satisfactoriamente. No es capaz de manejar un grupo.
- *Muy regular* (2–1 puntos): Es incapaz de comunicarse en un escenario grupal. Es incapaz de manejar dinámicas grupo.

Las lecciones

Estudie el contenido de *Sanar las heridas del corazón* cada vez que se prepare para facilitar una lección. Los cronogramas en esta sección le ayudarán en la planificación del tiempo y dan una presentación general de la estructura de cada lección. Además, encontrará consejos prácticos, ayudas, bocetos y muchos otros elementos que se han reunido de la experiencia de otros facilitadores que han enseñado estas lecciones alrededor del mundo.

- Las lecciones (excepto la segunda) están diseñadas para durar 90 minutos. Se deben adecuar al tiempo disponible.
- Abreviaturas: **TG**: Todo el grupo. **PG**: pequeños grupos. **De a 2**: en parejas.
- Pídale a los participantes que revisen cada lección solo después de que sea presentada, nunca antes.
- Las diferentes versiones del libro *Sanar las heridas del corazón* tienen diferentes historias. Ajuste los nombres de los personajes de este manual a la versión que esté usando.
- Si su versión de *Sanar las heridas del corazón* no incluye las lecciones 6A, 6B, 6C y 11A (más recientes), descárguelas del sitio web del Instituto *Trauma Healing*.

LA SESIÓN DE BIENVENIDA

Comience con una reunión de bienvenida. En los grupos para sanar que se reúnen semanalmente, esto puede durar casi toda la primera reunión. Para los retiros, si los participantes llegan la noche anterior al comienzo de las sesiones, haga una reunión de bienvenida durante aquella tarde. En este caso, procure que el encuentro sea breve, ya que los participantes pueden estar cansados del viaje. Los participantes que todavía no hayan llegado pueden ser presentados el día siguiente, o tal vez, sea necesario dedicar la primera hora del día siguiente para este fin.

- Distribuya las etiquetas con los nombres, si es que las usa.
- «Dinámicas de conocimiento»: Si los participantes no se conocen entre ellos, use algún tipo de actividad participativa para que se conozcan. Por ejemplo, pídales que encuentren a alguien que no conozcan y se preparen para presentarla al grupo: cómo quiere esa persona que la llamen durante el encuentro, cuál es su ocupación, un recuerdo feliz de su infancia o algo inusual que le haya pasado.
- Explore las esperanzas y expectativas del grupo. Deben ponerse de acuerdo sobre los temas que serán tratados y los resultados que se esperan, así como los horarios y las fechas. Use la gráfica de la experiencia de «Sanar las heridas del corazón (en la página 7). Presente de manera general el horario sin entrar en detalles, ya que los participantes no recordarán mucho de lo que se diga en ese momento. ¡Sea breve!

- Establezca los términos de confidencialidad (página 13) y de espacio seguro (página 17). Los grupos para sanar son grupos cerrados, lo que significa que no pueden llegar invitados o nuevos integrantes una vez haya iniciado la sesión. Si algún participante no puede asistir a una sesión, debe avisar al facilitador con anticipación; y otra persona puede abarcar el tema con la persona ausente antes de la siguiente reunión. Sean respetuosos de las sesiones, apagando los celulares y evitando interrumpir cuando alguien esté hablando.
- Si lo cree apropiado, termine la sesión con una canción, una lectura bíblica y una oración.

LECCIÓN 1: SI DIOS NOS AMA, POR QUÉ SUFRIMOS

Objetivos de aprendizaje

Al final de esta lección, el participante deberá ser capaz de:

- Empezar a entender su fe en Dios y su experiencia de sufrimiento.
- Identificar las creencias culturales y evaluarlas a la luz de las Escrituras.
- Identificar las falsas enseñanzas sobre Dios que hacen más difícil el sufrimiento.
- Explorar cómo los problemas con nuestro padre terrenal nos impiden tener una relación de amor con el Padre del cielo.
- Empezar a experimentar el amor de Dios en medio del sufrimiento.

Secciones de la Lección 1	Subdivisiones
1. Historia *(15 min)*	**TG:** Lea la historia *(5 min)*
	PG: Pregunta para el diálogo: «¿Qué siente en su corazón el pastor sobre Dios?» *(5 min)*
	TG: Comentarios (Sea selectivo) *(5 min)*
2. El carácter de Dios *(25 min)*	**TG:** Introducción: Cuando sufrimos, tratamos de encontrarle sentido a nuestras experiencias; y las creencias culturales vienen a nuestra mente cada vez que la fe se pone a prueba. *(2 min)*
	PG: Pregunta para el diálogo: «¿Qué dicen las tradiciones culturales sobre Dios, especialmente cuando sufrimos?» *(6 min)*
	TG: Comentarios: Apunte las cualidades en la pizarra formando una columna. *(7 min)*

Secciones de la Lección 1	Subdivisiones

PG: Reparta trozos de papel con los versículos de la sección 2 (Romanos 8:35–39; Salmo 34:18; Mateo 9:35–36; 2 Pedro 3:9; Génesis 6:5–6; 1 Juan 4:9–10). Estos deben ser leídos en voz alta y dialogados. *(5 min)*

TG: Escriba los comentarios en la segunda columna en la pizarra. Compare las dos listas. Enfatice que este es un instrumento para usar cada vez que tengamos dudas sobre el amor de Dios. *(5 min)*

3. El origen del sufrimiento
(5 min)

TG: Muchas veces culpamos a Dios por las cosas malas que nos pasan; preguntémonos, ¿Qué dicen las Escrituras acerca del origen del sufrimiento en el mundo? Escuche los comentarios y si no se menciona alguna de las tres razones principales del libro, inclúyalas. Recuérdeles que muchas veces uno no sabe con exactitud por qué sufre. Por ejemplo, Job no sabía por qué estaba sufriendo; sus amigos creían que sabían con seguridad el porqué, pero estaban equivocados. *(5 min)*

4. Dios usa el sufrimiento
(15 min)

El mal siempre es malo, pero no hay nada que Dios no pueda redimir; y al final él siempre triunfa. No podemos explicar por qué Dios permite el sufrimiento; y, si pudiéramos, eso no nos quitaría el dolor que sentimos. En cambio, sí sería de mucha ayuda mirar al pasado de nuestras vidas y ver cómo Dios ha usado el sufrimiento que hemos experimentado para traer algo bueno, aunque fuera pequeño.

De a 2: 1. ¿Cómo ha usado Dios el sufrimiento en su vida? 2. Piense en un pasaje de las Escrituras que explique la manera en que Dios ha usado el sufrimiento en su vida. *(8 min)*

TG: Pida que respondan la pregunta 2, y complemente con el contenido del libro que no se haya mencionado. Lea, o al menos refiera, algún pasaje bíblico como: 1 Pedro 1:6–7; Génesis 50:18–20 y 2 Corintios 1:3–5. *(7 min)*

5. ¿Por qué es difícil creer?
(25 min)

TG: Secciones de la A a la C: Haga cada una de estas preguntas y pida que respondan. Después, lea el pasaje recomendado de la Biblia y dialoguen sobre su aplicación al tema.

- Cuando únicamente escuchamos de la ira y el castigo de Dios (1 Juan 4:9–10).
- Cuando dicen que sufrimos porque no hemos hecho lo suficiente para agradar a Dios (Efesios 2:8–9).
- Cuando se nos ha enseñado que Dios promete prosperidad para todo el que cree (2 Corintios 1:8–10).

	• Cuando no hacemos las cosas que nos ayudan a que nuestra fe se fortalezca (2 Timoteo 3:14–17).
	• Cuando la iglesia no habla contra el mal y la injusticia (Lucas 4:18–19). *(10 min)*
	TG: Explique la manera en que la experiencia de un niño con su padre afecta su experiencia del amor de Dios. *(3 min)*
	De a 2: Preguntas para el diálogo: Piense en su propio papá. Cuando era niño, ¿sintió el cariño de él? ¿Cómo afecta la experiencia que tuvo con su papá en la relación que tiene con su Padre celestial? *(8 min)*
	TG: Comentarios (sea selectivo). *(4 min)*
Actividad de clausura *(5 min)*	**TG:** Actividad: Experimente el amor de Dios. Una canción sobre el amor de Dios.

Consejos prácticos

Algunos facilitadores prefieren hablar de la sección 5 «¿Por qué es difícil creer?», antes de la sección 4 «Dios usa el sufrimiento». Escoja la opción que mejor se acomode a su grupo.

Presente la sección 5A como una dramatización

Una persona ha experimentado trauma, por ejemplo, su hijo murió después de quedar gravemente herido en un accidente de tránsito. Dicha persona está abrumada y decide escuchar un programa de radio cristiano para recibir consuelo. El pastor de la primera estación radial que encuentra dice: «¿Tienes pecados en tu vida? Dios lo sabe y él castiga el pecado. Arrepiéntete antes de que caigas en las manos de la ira de Dios». La mujer responde: «¡Oh! debió haber sido el pecado, ¡por eso me pasó esto! Dios está enojado conmigo. Pero ¿qué hice? ¡No sé qué confesar!

Decide buscar otra estación de radio, donde el pastor dice: «Jesús nos dice: "ora y ayuna" ¿Cuánta oración has hecho hoy? ¿Cuánto has ayunado esta semana? ¿Cuánto dinero has dado a la iglesia? Duplique su esfuerzo y agradará a Dios». «¡Oh! —dice la mujer— No he hecho nada para agradar a Dios. Debí orar no solo una, sino dos horas cada mañana. Debí haber ayunado dos días a la semana, no solo uno. Debí haber encontrado otras maneras de dar ayuda a la iglesia y, entonces, Dios me hubiera bendecido y mi hijo no hubiera muerto.

Sintoniza una estación más y escucha: «¡Aleluya! si tuviera fe como un grano de mostaza, usted le podría decir a esta montaña —muévase al mar, y la montaña se moverá. Querido oyente, ¿Tiene usted fe? Mueva esa montaña en su vida». «¡Oh! —dice la mujer— si tan solo tuviera más fe, mi hijo no habría muerto. ¡Es mi culpa!»

Dialoguen sobre la dramatización y los pasajes bíblicos de la sección 5.

Para ahorrar tiempo

- La sección 4 es más conocida, puede omitirla en caso de ser necesario. Además, puede recibir solo las respuestas de dos o tres personas; resuma diciendo que sabemos que Dios usa el sufrimiento en nuestras vidas de muchas formas, y continúe.

- Use la actividad de clausura como un devocional a la mañana siguiente.

LECCIÓN 2: CÓMO SE PUEDEN SANAR LAS HERIDAS DEL CORAZÓN

Con antelación, prepare la dramatización sobre la escucha. Asista a la práctica y dé su opinión. Sería más efectivo si ellos pueden dramatizarlo en vez de leerlo llanamente.

Esta lección toma al menos dos horas. *Dedique tiempo para los ejercicios de escuchar y de expresión artística.*

Podemos estar traumatizados cuando nos sentimos abrumados por el miedo intenso, la impotencia o el horror ante la muerte, una herida grave, una violación u otra clase de abuso sexual. Además, podemos sentirnos indirectamente traumatizados cuando escuchamos la experiencia traumática de otra persona (Lección 7), mucho más si es un familiar cercano o un amigo. Todo trauma lleva el dolor del duelo, ya que implica pérdida de algún tipo. Sin embargo, podemos experimentar el duelo sin que esto resulte en trauma, como ocurre con la muerte lenta de uno de nuestros padres de edad avanzada. No todo dolor emocional es trauma, ni todo problema de conducta es el resultado de un trauma.

DUELO

TRAUMA/
HERIDA
DEL CORAZÓN
• miedo intenso
• impotencia
• horror

Todo trauma lleva el dolor del duelo, pero podemos experimentar el duelo sin que esto resulte en trauma.

Objetivos de aprendizaje

Al final de esta lección, el participante deberá ser capaz de:

- Definir el concepto de trauma como «herida del corazón».
- Identificar comportamientos que exterioricen la herida del corazón (en sí mismo y en otros).
- Dar bases bíblicas que demuestren que Dios acepta nuestras emociones.
- «Tratar» las heridas del corazón escuchando a una persona hablar de su dolor.
- «Tratar» las heridas del corazón a través de ejercicios de expresión artística.
- Manejar los sentimientos fuertes a través del ejercicio de respiración.

Secciones de la Lección 2	Subdivisiones
1. Historia *(20 min)*	**TG:** Lea la historia *(4 min)*
	PG: Pregunta para el diálogo:
	1. Además de la herida física del hijo, ¿qué heridas llevan Juan, María y su hijo? Asigne a cada grupo un personaje: Juan, María y su hijo (ajuste los personajes a su versión de la historia) *(5 min)*
	TG: Respuesta de los grupos: Enumere las de Juan, después las de María y por último las del hijo. El objetivo es que los participantes vean cuántas cosas han sido afectadas por un solo hecho. *(11 min)*
2. Herida del corazón *(26 min)*	**TG:** Comparación con una herida física: Antes de iniciar la lección, copie detalladamente la columna de la herida física en la pizarra y deje la columna de la herida del corazón en blanco. Después, deje que el grupo descubra las similitudes y las diferencias. *(10 min)*
	TG: Abarque los tres comportamientos más comunes en las personas que han experimentado trauma: *(3 min)*
	• *Reviven la experiencia* (como a través de pesadillas ya sean despiertos o dormidos).
	• *Evitan* los pensamientos o sentimientos asociados con el trauma (lugares, personas y emociones —se sienten adormecidos o usan drogas).
	• *Siempre están asustadas* (pánico, miedo, reacciones violentas, conlleva enfermedades y complicaciones físicas)

Secciones de la Lección 2	Subdivisiones
Opción 1	**PG:** Preguntas para el diálogo: «¿Puede pensar en algunas personas que tienen heridas del corazón? ¿Actúan de esta manera?» *(5 min)*
Opción 2	**TG:** Póngase de pie dentro de un gran círculo. Dé la siguiente indicación: «Si conoce a alguien que ha revivido el trauma a través de pesadillas ya sea estando despiertos o dormidos, párese dentro del círculo». Salgan del círculo. Después, «Si conoce a alguien que ha intentado evadir las memorias del trauma evitando lugares o personas, a través del alcohol, las drogas, exceso de trabajo, comiendo de más, entre otros, párese dentro del círculo». Salgan del círculo. Por último, «Si usted conoce a alguien que ha estado siempre asustado (se sobresalta, está tenso, sobre-reacciona, con fuertes latidos del corazón, entre otros) después de un evento traumático, párese dentro del círculo». Este ejercicio ayuda al grupo a darse cuenta que estos comportamientos son normales y generalizados. *(5 min)*
	TG: Comentarios *(5 min)*
	TG: ¿Qué hace que algunas heridas del corazón sean más graves? (Sección 2C) *(3 min)*
3. La Biblia habla sobre las emociones *(20 min)*	**PG:** Asigne los versículos a diferentes grupos (Mateo 26:37–38; Mateo 26:75; 1 Samuel 1:10, 13–16; Juan 11:33–35; Jonás 4:1–3; Salmo 55:4–6), y pida que compartan con todo el grupo qué dice el versículo sobre el manejo de las emociones. *(10 min)*
	TG: Pídale al grupo que lea el pasaje en voz alta y haga un resumen de la discusión *(10 min)*
4. Ayudar a alguien a sanar *(55 min)*	**TG:** Dramatización: Use la dramatización que se encuentra a continuación para representar a una persona que sabe escuchar y a otra que no. Asegúrese de que la persona que sabe escuchar bien, no dé consejos en la dramatización. Pídale al grupo que dialogue sobre lo que observó. Destaque las cualidades de una persona que sabe escuchar (Sección 4A y 4B). *(15 min)*

Secciones de la Lección 2	Subdivisiones
	TG: ¿Cómo podemos escuchar? Explique las preguntas de la sección 4C:

- 1. ¿Qué sucedió? Establece hechos y una secuencia temporal.
- 2. ¿Cómo se sintió? Indica que el sanar se da en el nivel de las emociones. Al nombrar las emociones se ponen límites a los sentimientos vagos.
- 3. ¿Qué fue lo más difícil para usted? Muestra que cada persona es diferente. Necesitamos conocer la respuesta que dan al respecto.

Resalte otros puntos de esta sección *(5 min)*

TG: Casos graves. Abarque el contenido. Y dialoguen sobre los servicios disponibles en su área para obtener el apoyo adicional que las personas necesitan. Sería bueno investigar la información con anterioridad. *(5 min)*

De a 2: Ejercicio de escucha (al final de la sección 4) *(20 min)*

TG: Compartir sobre el ejercicio de saber escuchar *(10 min)*

Dramatización sobre la escucha

Hace una semana, Marcos tuvo un terrible accidente automovilístico que lo dejó con un brazo quebrado y una conmoción cerebral menor, casi mata a su esposa y a su hija, y mató al conductor del otro automóvil. Le dieron de alta, pero está preocupado por su familia y, aunque tiene personas que lo ayudan con las comidas, con los quehaceres domésticos y con el transporte para asistir a las citas del hospital, se siente cada vez peor. Su pastor, Pablo, acaba de ir al hospital para visitar a la esposa y a la hija de Marcos, y lo encontró en la sala de espera, caminando de un lado para el otro. (**P = Pastor Pablo; M = Marcos**)

Persona que no sabe escuchar

P: *(Saludo apresurado).* Vine a ver a tu familia.

M: Están durmiendo en este momento, pero yo no estoy muy bien.

P: Mira lo **positivo**: ¡sobreviviste! ¡Gracias a Dios! *(con prisa).*

M: Pero me siento **confundido**, ¿podemos hablar?

P: *(Distraído)* Tengo una reunión del comité de construcción. Podemos hablar mientras caminamos hacia mi auto.

M: De acuerdo *(con inseguridad)*. Ahora que mi esposa y mi hija están bien, **me siento peor, no duermo y evito los automóviles**, en especial el hecho de manejar.

P: **No hay razón para tener miedo**, olvídalo. **Toma el control**. Dios no nos dio un «espíritu de temor».

M: ¡Oh, no! Ahora me siento **culpable** por sentir miedo. Además, me siento **enojado**. Sé que debería estar **agradecido**, pero...

P: ¡Sí! Deberías estar agradecido. El estar agradecido borra los sentimientos negativos. **Esto me recuerda** cuando nuestra iglesia se incendió. Decidí regocijarme y todo salió bien.

M: He tratado, pero **no puedo controlar el miedo** *(suena el teléfono del pastor)*.

P: *(El pastor contesta la llamada y dice)* «Estoy hablando con Marcos. En verdad, está pasando por un momento difícil, pero estaré allá tan pronto como pueda escaparme».

M: Veo que está ocupado, pero, ¿qué puedo hacer respecto a este miedo?

P: Recuerda Romanos 8:28. Sé agradecido, le pediré a la iglesia que ore por ti.

M: Oh, por favor, no. ¡No le diga a nadie!

P: No te preocupes, somos una familia. Todo queda en familia, no hay razón para sentirse avergonzado. Debo irme.

M: *(Desalentado)*.

Persona que sabe escuchar

P: Hola. Vine a verte.

M: ¡Gracias! No me siento bien.

P: ¿Quieres hablar? Vamos a algún lugar privado.

M: Está bien.

P: **¿Qué sucedió realmente?**

M: **Tengo una escena horrible dando vueltas en mi cabeza.** Íbamos subiendo una colina y un auto, que venía en dirección opuesta, lo hacía por nuestro carril y a gran velocidad. No tuve tiempo para reaccionar. Giré bruscamente, dimos vueltas y terminamos volcados, en una zanja. Olía a gasolina. Mi esposa y mi hija estaban inconscientes y cubiertas en sangre. Salí del auto y gritaba por ayuda para mi familia, no sé cómo logré sacarlas. Tenía miedo de que el carro explotara.

P: **Es sorprendente que pudieras pensar con claridad.** ¿Sentías dolor?

M: No lo sé. Era como una pesadilla. Creo que estaba conmocionado.

P: **¿Cómo te sentiste?**

M: Estaba preocupado por nuestras maletas nuevas. Parece loco, ¿verdad?

P: No es loco, quizá eso **evitó que te sintieras abrumado.**

M: **No lo había visto de ese modo.**

P: **¿En qué más pensabas?**

M: Bueno, primero me sentía bien por haber sobrevivido; pero ahora, tengo pensamientos y sentimientos negativos. Estoy confundido. **Me siento impotente. Me dan ganas de matar al conductor.** Sé que está muerto, pero a veces me dan ganas de vengarme de él. Sé que no debería pensar así.

P: **Probablemente, yo también me habría sentido así.**

M: **¿De verdad? Es bueno escucharlo.** No me siento agradecido, aunque mi familia sobrevivió. No estoy durmiendo bien, le tengo miedo a los carros. Sé que probablemente son seguros, pero tengo miedo de todos modos. **Me siento muy enojado,** aunque sé que no tengo ninguna razón para estarlo. **Debería estar agradecido** porque mi esposa y mi hija se están recuperando, ¿no?

P: Bueno, es normal tener todos estos sentimientos después de lo que has pasado. **¿Qué ha sido lo más difícil para ti?**

M: Lo peor fue ver heridas a mi esposa y a mi hija.

P: ¿Dices que te sientes impotente?

M: Claro que sí, yo soy el hombre de la casa y no pude hacer nada.

P: Sí. **¿Qué te ha ayudado a salir adelante hasta el momento?**

M: Mi familia me necesita y me ama.

P: Sí. Nosotros también te amamos. Podemos hablar la próxima semana, ¿te parece?

M: Gracias. **En realidad, me ha ayudado mucho esta conversación.** ¿Quiere ver a mi familia? Mi esposa e hija ya se despertaron.

P: Sí, vamos.

Botellas bajo el agua

Si el tiempo lo permite, haga esto después de la dramatización sobre la escucha para demostrar lo que pasa cuando guardamos el dolor internamente.

Encuentre un lugar afuera del salón. Busque un contenedor de agua y unas seis botellas de agua vacías. Cada botella representa un dolor. Que todos se reúnan alrededor y hablen de los diferentes dolores, al tiempo que introduce las botellas en el agua una por una. Trate de mantener todas las botellas bajo el agua al mismo tiempo; esto requiere de mucha energía. Ahora explique que, así mismo, guardar interiormente el dolor requiere de mucha energía. No podemos prestar atención a sermones, estudios, trabajo y otras cosas. Ahora deje que las botellas salgan a flote y diga: «Necesitamos dejar que el dolor salga para poder sanar».

Consejos prácticos

1. Use el ejercicio de respiración si hay tiempo disponible. Por ejemplo, al final del día o después del descanso (si no está en su versión del libro, véase la página 125).

2. Traducir «trauma»: Si los participantes hablan y van a ministrar en un idioma distinto al de la sesión, asegúrese de que todos sepan decir el término clave «trauma» en esos idiomas. «Las heridas del corazón» es efectivo en muchos idiomas.

Lea el Salmo 109:22: *«Porque yo estoy afligido y necesitado, y mi corazón está herido dentro de mí»* (RVR).

Pregunte:
- ¿Cómo diría este versículo en su idioma?
- ¿Cómo puede expresar el concepto «trauma» en su idioma?

Para ahorrar tiempo

Presente cómo se comportan las personas traumatizadas a partir de la discusión de la historia. Agregue cualquier cosa que no se haya mencionado de la sección 2B en esa discusión, y así podrá omitirla más tarde.

Actividad de expresión artística

Haga la actividad de expresión artística en una hora (Orientación: 5–10 min; Dibujar: 20–30 min; Compartir: 25 min; Preguntas: 5 min). Posteriormente dedique algún tiempo en grupos pequeños para las personas que desean responder las dos preguntas que están al final de la Lección 2. Esta puede ser una experiencia poderosa, pida silencio para que las personas no se sientan interrumpidas. Las personas pueden decidir ir a lugares solitarios mientras dibujan.

LECCIÓN 3: QUÉ SUCEDE CUANDO ALGUIEN SUFRE UNA PÉRDIDA

Objetivos de aprendizaje:

Al final de esta lección, el participante deberá ser capaz de:
- Aceptar el proceso del duelo en su propia vida y en la de los demás.
- Responder apropiadamente a las diferentes etapas del proceso de duelo.
- Ayudar a otros a hacer bien el duelo.
- Expresar el dolor a Dios a través de lamentos.

Secciones de la Lección 3	Subdivisiones
1. Historia *(15 min)*	**TG:** Lea la historia *(5 min)*
	PG: Preguntas para el diálogo: ¿Qué estaba experimentando José? ¿De qué manera reaccionan los personajes de la historia al enfrentar la pérdida de un ser querido? *(5 min)*
	TG: Comentarios *(5 min)*
2. ¿Qué es el duelo? *(5 min)*	**TG:** Pregunta para el diálogo: ¿Qué tipo de pérdidas requieren un duelo? Presente esta sección *(5 min)*
3. ¿Cómo podemos hacer un duelo? *(40 min)*	**TG:** Haga el Ejercicio del camino del duelo *(25 min)*
	De a 2: • Piense en una pérdida que haya sufrido. ¿Sintió algunas de esas emociones? • ¿Piensa que se quedó estancado en algún punto del camino? • ¿Piensa que tomó el puente falso? *(10 min)*
	TG: Comentarios *(5 min)*
4. ¿Qué puede dificultar más la aflicción del duelo? *(5 min)*	**TG:** Presente clases de pérdidas y creencias culturales sobre el duelo.
5. ¿Cómo podemos ayudar ...? *(25 min)*	**TG:** Job: Lea el resumen en voz alta.
	Preguntas para el diálogo: ¿Qué cosas útiles hicieron o dijeron los que intentaban consolar a Job? ¿Cuáles no lo fueron? *(5 min)*
	PG: Preguntas para el diálogo: 1. Cuando hizo duelo por alguien, ¿qué cosas útiles dijeron o hicieron otras personas? ¿Qué cosas no fueron de ayuda? Que unos grupos dialoguen sobre lo que ayudó y otros sobre lo que no ayudó. *(10 min)*
	TG: Comentarios; complemente con lo que no ha sido mencionado de la sección 5B. *(10 min)*

Ejercicio Camino del duelo

En privado, organice previamente con dos personas para hacer el «puente falso» (véase más adelante).

Divida el resto del grupo en cuatro partes asignándoles un número a cada una. Invítelos a ponerse de pie y en grupos, con una persona que sostenga el letrero de su «aldea»: «Aldea de negación e ira», «Aldea de sin esperanza» y «Aldea de nuevos comienzos». (Como alternativa, si el grupo es muy numeroso, que solo una persona sostenga cada letrero y que cuatro voluntarios se desplacen por las aldeas).

Con el cuarto grupo visite cada aldea, una a la vez. Pregunte a las personas de esa aldea cómo se siente un individuo en esa etapa del procesamiento del duelo. Complemente sus respuestas con cualquier cosa que no hayan dicho de la siguiente lista. Explique que los sentimientos y emociones que se sienten en cada aldea son normales; y que, con tiempo, la persona va saliendo de la crisis y alcanza la recuperación.

Aldea 1: Negación e ira (1 mes o más)

- Adormecido, bloqueado.
- No se da cuenta de lo que está sucediendo a su alrededor.
- Se resiste a creer que la persona haya muerto o que el evento haya sucedido.
- De repente, puede echarse a llorar o estallar en cólera o ira.
- Puede estar enojado con Dios.
- Puede estar enfadado con el difunto porque lo abandonó.
- Puede sentir culpa: «Si tan sólo hubiera hecho esto o aquello, no se habría muerto» u «Ojalá yo hubiera...»
- Puede preguntarse: «¿Por qué me sucedió a mí?»
- Puede buscar a quién echarle la culpa por la muerte.
- Puede buscar la venganza, lo cual resulta en conflicto y más dolor.
- Puede escuchar o ver al difunto.

Después de la pérdida, la negación y la ira son normales y, a veces, pueden ser de ayuda. La negación nos permite asumir la pérdida poco a poco e impide que nos sintamos agobiados. La ira puede ser una manera de luchar en contra de la pérdida cuando nos sentimos indefensos. Nos puede dar energía e impedir que nos sintamos agobiados.

Aldea 2: No se ve esperanza (6 a 15 meses)

- Se siente triste y desesperanzado.
- Le puede resultar difícil organizar su vida.
- Continúa anhelando el regreso del difunto.
- Puede sentirse solo y abandonado.
- Puede tratar de evitar el dolor tomando drogas o alcohol.
- Puede pensar en suicidarse.
- Puede sentirse culpable, incluso sin tener ninguna razón.

La aldea 2 es el lugar más sombrío del proceso del duelo. Las personas piensan que nada bueno va a venir después.

Aldea 3: Nuevos comienzos

- Piensa en comenzar una vida nueva.
- Está listo para salir con amigos y pasarla bien.
- Quien ha perdido a su cónyuge, empieza a pensar en otro matrimonio. Si perdió un hijo, tal vez quiera tener otro.
- Es una persona diferente después de la pérdida, incluso, puede ser más fuerte.

En la aldea 3, las personas paulatinamente aceptan la pérdida y asumen una nueva identidad. Lo que ahora es «normal» es diferente a lo que era normal antes de la pérdida. Hay un nuevo concepto de lo normal. Pueden ser más conscientes de lo que es verdaderamente importante en la vida, y pueden ser más sensibles.

Hacer el camino

Ahora, pida al grupo 4 que invente una crisis por la que los participantes pretendan haber pasado (por ejemplo, la muerte de un ser querido en un accidente automovilístico). Pídales que atraviesen el recorrido del duelo (ejercicio) y representen la conducta de cada aldea; después, que avancen hacia la siguiente. Sin embargo, una persona se queda estancada en cada aldea; otra retrocede de la aldea 2 a la 1 (por ejemplo, en el aniversario de la muerte). Dicha persona permanece allí durante un tiempo y luego regresa a la aldea 2. Explique que dicho comportamiento es la respuesta normal y saludable ante la pérdida. Lo que no es normal es permanecer en la aldea 1 o 2 durante mucho tiempo.

El puente falso

Muéstreles el «puente falso» con la pareja escogida de antemano. Haga que uno de ellos simule otra pérdida. La otra persona le aconseja y explica que no hay necesidad de pasar por las aldeas 1 y 2, sino que deberían tener fe en las promesas de Dios, regocijarse, mantenerse ocupado y demás. La persona está indecisa entre sus sentimientos y lo dicho por el consejero, pero finalmente se decide a seguir la recomendación del falso consejero y pasa directamente de la crisis a la aldea 3, pero se cae por el camino. Explique el motivo por el cual el puente falso no funciona.

Ejercicio de lamentos

En una sesión aparte, haga el ejercicio de lamentos. Dé la orientación que se encuentra al final de la lección 3. Resalte que la única parte que tiene que estar presente en un lamento es la queja. *(15 min)*

Dé a los participantes entre 20 y 35 minutos para escribir su propio lamento. Si desea, puede poner música instrumental de fondo.

Luego, deles la oportunidad de compartir los lamentos, ya sea en grupos pequeños o con todo el grupo *(25 min)*.

LECCIÓN 4: NIÑOS QUE HAN SIDO VÍCTIMAS DE COSAS MALAS

Recuerde que esta lección es sobre niños que han sido traumatizados, es decir, no se refiere solamente a la crianza normal.

Objetivos de aprendizaje

Al final de esta lección, el participante deberá ser capaz de:

- Identificar cuándo el comportamiento problemático de los niños se debe al trauma y a la pérdida.
- Ayudar a los niños a expresar su dolor a través de palabras, juegos o arte.
- Ayudar a los niños según las enseñanzas de la Biblia, y de ser necesario, retar el modo en que la cultura trata a los niños.

Secciones de la Lección 4	Subdivisiones
1. Historia *(20 min)*	**TG:** Lea la historia *(5 min)*
	PG: Preguntas para el diálogo: 1 y 3:
	¿Cómo se comportaba Martín antes, durante y después del abandono y del ataque? ¿Cómo reaccionan por lo general los adultos con niños como Martín? ¿Piensa que estas reacciones ayudan a los niños? *(7 min)*
	TG: Comentarios: Comparta unas cuantas respuestas y continúe *(8 min)*
2. La conducta de los niños que están traumatizados *(25 min)*	**PG:** Haga tres grupos. Dé a cada grupo un pedazo de papel grande y un marcador. Un grupo anota cómo se afectan las emociones; el segundo escribe cómo los niños se ven afectados físicamente; y el tercero, cómo su conducta cambia. No se preocupe si algunas categorías coinciden en lo mismo. Use la historia de Martín como punto de referencia. *(10 min)*
	TG: Comentarios: Obtenga respuestas de cada grupo y añada cualquier punto que se haya omitido de la sección 2. *(15 min)*
	Opción: véase el consejo siguiente.

Secciones de la Lección 4	Subdivisiones
3. Cómo podemos ayudar a los niños traumatizados *(40 min)*	**TG:** Abarque en forma breve los puntos que van de la A a la D. Si es posible, dé ejemplos.
	Nota: Tal vez tratar de reunir a las familias que han experimentado el abuso doméstico no sea de mucha ayuda. *(10 min)*
	PG: Preguntas para el diálogo: 1 y 2: En la tradición de su región, ¿escuchan los padres a sus hijos? ¿Conversan con ellos? Si no, ¿cuál es la razón? ¿Cuáles son las creencias que les impiden hacerlo? ¿Cómo se comparan esas creencias con lo que dice la Biblia? Lean Marcos 10:13 y Deuteronomio 6:4–9. *(10 min)*
	TG: Comentarios *(10 min)*
	TG: E. Los adolescentes. Pregunte: ¿cuáles son las necesidades especiales de un adolescente? Complemente con la información de esta sección. *(5 min)*
	TG: F. Hablar con los maestros y G. Casos graves. Abarque brevemente el contenido de esta sección. *(5 min)*

Consejos prácticos

Para incitar a la participación en la sección 2, delinee a una persona en una hoja grande de papel. Al recibir los comentarios de los pequeños grupos, escriba en el *corazón* las emociones que pueden tener los niños que han experimentado cosas malas, escriba en el *cuerpo* las reacciones físicas de un niño que ha experimentado cosas malas, y escriba los comportamientos *fuera* del cuerpo.

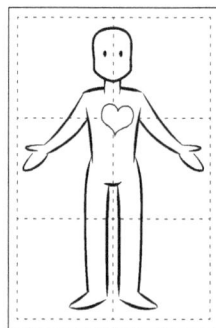

Para ahorrar tiempo

Omita la sección de los niños soldados, a menos que sea un problema local.

LECCIÓN 5R: PERSONAS VÍCTIMAS DEL ABUSO SEXUAL

Si es posible, infórmese con anterioridad sobre los procedimientos médicos y legales disponibles en su área para ayudar a víctimas de abuso sexual.

Objetivos de aprendizaje:

Al final de esta lección, el participante deberá ser capaz de:

- Explicar cómo la violencia sexual afecta a la víctima y a su familia.
- Ayudar a las personas que han sido víctimas de abuso sexual a sanar el trauma.
- Ayudar a que las comunidades acepten y cuiden a los niños que han sido fruto de una violación.

Secciones de la Lección 5R	Subdivisiones
1. Historia *(20 min)*	**TG:** Lea la historia que más se acomode a su situación *(5 min)*
	PG: *(5 min)*
	Mónica: 1. ¿Por qué Mónica no le dijo a nadie lo que había sucedido? 2. ¿Cómo puede sanar Mónica las heridas del corazón?
	Tamar: 1. ¿Qué en esta historia muestra que la familia de Tamar no era un lugar seguro para ella? 2. ¿Qué efectos tuvo en Tamar la violación de Amnón? ¿Qué efectos tuvo en Amnón? ¿Qué efectos tuvo en su familia?
	TG: Comentarios (Sea electivo) *(10 min)*
2. ¿Qué es la violación sexual? *(5 min)*	**TG:** Pídale al grupo que defina la violación sexual. De ser necesario, lea la definición. *(5 min)*
3. Los efectos de la violación sexual *(30 min)*	Parafrasear el párafo al principio de esta sección. **PG:** Deje que cada grupo conversa sobre uno o más de estas preguntas: *(5 min)*
	1. Si una mujer o niña es violada, ¿cómo la afecta?
	2. Si un hombre o niño es violado, ¿cómo lo afecta?
	3. Si una persona casada es violada, ¿cómo afecta su matrimonio?
	4. Si una persona es violada, ¿cómo afecta su familia?
	TG: Comentarios y respuestas: anote las ideas en el pizarrón. Agregue cualquier cosa que no se haya mencionado de la sección 3. *(15 min)*

Secciones de la Lección 5R	Subdivisiones
	PG: Separe los hombres y mujeres. Cada grupo discute qué le quiere decir al otro grupo sobre la violación. *(5 min)*
	TG: Deje que un representante hable por cada grupo. *(5 min)*
4. Cómo ayudar a alguien que ha sido violado *(20 min)*	Parafrasear el párafo al principio de esta sección.
	PG: Deje que cada grupo conversa sobre uno de estas preguntas: *(5 min)*
	1. ¿Qué tipo de ayuda médica y legal necesitan las víctimas de violación? ¿Qué tipo de recursos se puede conseguir en su área?
	2. ¿Cómo podemos ayudar a las víctimas de violación a sanarse de las heridas del corazón? ¿Cómo se debe escoger a los ayudadores? Dado el dolor profundo de la violación, ¿qué deben y no deben hacer los ayudadores?
	3. ¿Cómo puede una víctima de violación perdonar genuinamente a su violador? Describe el proceso. ¿Cuánto tiempo podría tomar?
	TG: Comentarios y respuestas: anote las ideas en el pizarrón. Agregue cualquier cosa que no se haya mencionado de la sección 4. *(15 min)*
5. Niños que nacen como fruto de una violación *(8 min)*	**PG:** Pregunte: ¿Hay niños en su iglesia víctimas de la burla y el menosprecio debido a las circunstancias que rodearon su nacimiento? Si es así, ¿cómo los están ayudando? *(3 min)*
	TG: Comentarios *(3 min)*
	Abarque brevemente los puntos A y B. *(2 min)*
6. ¿Qué hay de los violadores? *(5 min)*	Parafrasear esta sección.
Actividad de clausura *(10 min)*	Dirija a los participantes por este ejercicio.

Consejos prácticos

1. Use todas las historias, si hay tiempo.

2. En muchos países, los facilitadores y otras personas que cuidan están obligados por ley a denunciar el abuso a menores, y hay un procedimiento para esto; en caso de no denunciar, pueden haber consecuencias penales como la cárcel.

Infórmese con antelación sobre las leyes locales. Véase página 14 del *Manual del facilitador*.

3. Presente la sección 4 como un programa de radio. Asigne a cada grupo una sección diferente y deles tiempo para que la lean e inventen un programa radial de dos minutos sobre la sección. Después, hagan las presentaciones en orden y conscientes del tiempo.

Para ahorrar tiempo

1. Si el grupo interactúa bien, discuta la historia con todo el grupo únicamente y continúe.

LECCIÓN 6: PERSONAS QUE CONVIVEN CON EL VIH Y EL SIDA

Objetivos de aprendizaje:

Al final de esta lección, el participante deberá ser capaz de:

- Explicar cómo se infectan las personas con VIH y cómo puede desarrollarse en SIDA.
- Identificar creencias y prácticas que contribuyen a aumentar la propagación del VIH y encontrar soluciones.
- Ayudar a los jóvenes a evitar el contagio con el VIH.
- Ayudar a la iglesia a estar del lado de las personas afectadas con VIH y SIDA.

Secciones de la Lección 6	Subdivisiones
Guerra de sangre *(15 min)*	Improvise el drama que se describe a continuación *(15 min)*
2. Prueba *(15 min)*	**TG:** Lea en voz alta las preguntas de la sección 2 y que las personas escriban sus respuestas. Después, lea las respuestas correctas en voz alta (al final de la lección). Enfatice que el VIH se contrae por la sangre, los fluidos de los órganos sexuales y la leche materna. Para mantener el interés, pregunte cuántos tuvieron todas las respuestas correctas, cuántos fallaron en una, y así sucesivamente. *(15 min)*
1. Historia *(15 min)*	Lea la historia *(5 min)*

Secciones de la Lección 6	Subdivisiones
	PG: Preguntas para el diálogo:
	1. En su región, ¿le cuentan las personas a otras si saben que tienen VIH o SIDA? ¿Por qué sí o por qué no?
	2. ¿Cómo trata la gente de su comunidad a los que tienen VIH o SIDA? *(5 min)*
	Reciba los comentarios (breve). Agregue lo que sea necesario. *(5 min)*
3. Creencias falsas sobre el VIH *(10 min)*	**TG:** Pregunte cuáles son las creencias falsas que tienen las personas sobre el SIDA. Agregue cualquier punto de la sección 3 que no se haya mencionado y que sea relevante para el contexto. *(10 min)*
4. Prácticas que aumentan el contagio del VIH *(10 min)*	**PG:** Preguntas para el diálogo:
	¿Hay en su región otras costumbres o prácticas que aumentan el contagio del VIH? ¿Cuáles? *(5 min)*
	TG: Comentarios (breve) *(5 min)*
5. Enseñanzas sobre el VIH *(15 min)*	**PG:** Preguntas para el diálogo: ¿Cómo aprenden los hijos lo relacionado al sexo? ¿Quién les enseña? ¿A qué edad ocurre esto? *(5 min)*
	TG: Comentarios (breve) *(5 min)*
	TG: Analicen de qué forma la iglesia puede ser activa en esta área *(5 min)*
6. La iglesia ayuda a alguien con VIH *(10 min)*	**TG:** Abarque los cinco puntos de la sección 6. Incluya la importancia de los medicamentos antivirales, si están disponibles en la región.

Guerra de sangre: Representación teatral sobre el VIH y el SIDA

Prepare letreros —que las personas puedan colocar en un lugar visible de su ropa o colgarse del cuello— que digan: VIH (dos), gripe, malaria, neumonía, diarrea, soldados de la sangre (dos) y medicamentos antivirales (dos).

1. Designe un amplio espacio del piso como el cuerpo de Teodoro.

2. Elija dos personas para que actúen como soldados de la sangre. Deben simular que están armados.

3. Escoja dos personas para que actúen como el virus VIH.

4. Los demás representan diferentes enfermedades: gripe, malaria, neumonía y diarrea.

Dios nos creó con soldados en la sangre para protegernos. Teodoro tiene sus soldados en ella, que lucharán contra las enfermedades. Su trabajo es protegerlo de cualquier mal, para lo que deben acechar en busca de intrusos.

1. Los soldados en la sangre hacen rondas alrededor del cuerpo de Teodoro en busca de alguna enfermedad que intente entrar.

2. Invite a la **gripe** a que invada: rápidamente, es rechazada (no deben ser demasiado violentos). Pídale a la **malaria** que invada; después de una breve lucha, también es rechazada.

TODOS QUEDAN CONGELADOS.

Teodoro está bien y es capaz de vencer a las enfermedades mediante sus soldados de la sangre. Ahora, Teodoro tuvo relaciones sexuales con una prostituta.

3. Dos **VIH** se introducen, sin que los soldados de la sangre se den cuenta, y se esconden.

4. Vuelve la **gripe**, y la rechazan tan rápido como sucedió antes. La **malaria** invade, también la rechazan tras una breve lucha.

TODOS QUEDAN CONGELADOS.

Teodoro no se da cuenta de que está enfermo. Tiene una enfermedad infecciosa y puede contagiar el VIH a otras personas.

5. Un **VIH** se levanta y agarra a uno de los soldados de la sangre y este ya no puede hacer nada.

6. La gripe regresa y hay una lucha. La **neumonía** se une. Al soldado de la sangre que aún queda, le toma tiempo expulsarlos.

7. El otro VIH se levanta y agarra al soldado en la sangre que queda. La gripe, la **neumonía**, la **malaria** y la **diarrea** invaden el cuerpo de Teodoro. Los soldados de la sangre están retenidos, y la gripe y las otras enfermedades hacen una danza de victoria alrededor del cuerpo de Teodoro.

TODOS QUEDAN CONGELADOS.

8. Ahora, Teodoro tiene SIDA. El VIH, un virus pequeño, ha inhabilitado la capacidad del cuerpo de Teodoro para luchar contra la infección, así que otras enfermedades lo invaden. El SIDA no es una enfermedad, sino una combinación de enfermedades. Finalmente, la persona es consumida.

9. Dos **antivirales** entran al cuerpo de Teodoro. Retienen al VIH, de modo que cuando la **gripe**, la **malaria**, entre otras, invaden, los soldados de la sangre pueden rechazarlos.

TODOS QUEDAN CONGELADOS.

Las pruebas de sangre son importantes, ya que son la única forma segura para identificar la infección del VIH. Los antivirales son medicamentos que no libran el cuerpo del VIH, pero lo controlan. El medicamento debe tomarse de por vida y, si deja de consumirse, el VIH escapará y volverá a causar problemas.

Consejos prácticos

Para el ejercicio teatral de la «Guerra de la sangre», tenga en cuenta que en algunos contextos, el contacto físico entre hombres y mujeres en público no está permitido. Si este es el caso en su grupo, todos los roles deben desempeñarse solo por hombres o solo por mujeres.

Clarificación sobre la transmisión de VIH de madre a bebé

1. Normalmente, el VIH no pasa a través de la placenta. Pero si la placenta tiene una herida o sangrado, la sangre de la madre que contiene VIH puede llegar al bebé.

2. Si la madre es VIH positivo y no ha sido tratada, el bebé puede adquirir el VIH por la succión de líquidos vaginales durante el nacimiento. El virus puede, además, entrar a través de los ojos, pequeñas cortaduras o heridas en la piel.

3. La leche materna también puede ser un problema si el bebé consume, además de otros alimentos, porque la comida puede ocasionar heridas en el revestimiento del estómago. Si el bebé está recibiendo alimento materno únicamente, no hay peligro de infección ya que la leche pasa a través del bebé sin lastimar el revestimiento del estómago.

Para ahorrar tiempo

1. Si la mayoría de los participantes ya están familiarizados con la información sobre VIH/SIDA, escoja algunas preguntas de la prueba, en vez de usar todas.

2. Si no tiene suficiente tiempo, la sección 4 puede omitirse, ya que se abarca parcialmente en la sección 3. O un grupo puede dialogar sobre las creencias; y el otro, sobre las prácticas.

3. Omita la historia. La dramatización de la «Guerra de la sangre» y el examen proveen suficiente interacción.

LECCIÓN 6A: EL ABUSO DOMÉSTICO

Es difícil abarcar esta lección en una hora y media y, normalmente, conlleva muchas reacciones emocionales y discusiones. Si es posible, planifique tener más tiempo.

Objetivos de aprendizaje:

Al final de esta lección, el participante deberá ser capaz de:

- Definir y describir el abuso doméstico.
- Reevaluar las creencias culturales y las prácticas sobre las relaciones familiares a la luz de la Palabra de Dios.
- Ayudar a las personas atrapadas en relaciones abusivas.
- Ayudar a los abusadores a arrepentirse y a dar pasos hacia la recuperación.

Secciones de la Lección 6A	Subdivisiones
1. Historia *(15 min)*	**TG:** Lea la historia *(5 min)*
	PG: Preguntas para el diálogo (que cada grupo comente una pregunta diferente) *(5 min):*
	<ul><li>¿Por qué cree que David maltrataba a Ana?</li><li>¿Por qué cree que Ana siguió con David, a pesar de la violencia y el abuso?</li><li>¿Qué ayudó a que Ana saliera de la situación de abuso?</li><li>¿Qué tan serio es el problema de abuso doméstico en su comunidad o familia?</li></ul>
	TG: Comentarios *(5 min)*
2. ¿Qué es el abuso doméstico? *(18 min)*	**TG:** Presente esta sección *(5 min)*
	TG: Falso y verdadero. Las respuestas están al final de la lección. Si las preguntas de falso o verdadero no son adecuadas en su contexto cultural, transmita esta información de otra manera. *(13 min)*
3. ¿Qué dice su cultura y qué dice la Biblia acerca del abuso doméstico? *(22 min)*	**PG:** Preguntas para el diálogo: 1 y 2: ¿Qué enseña su cultura acerca del abuso doméstico? ¿Tiene usted algo que decir al respecto? Por ejemplo: «más te pego, más te quiero», o «quien te hace llorar es quien te quiere». Y luego: Busque estos versículos y compárelos con lo que enseña su cultura acerca del abuso doméstico. *(Asigne a cada grupo un pasaje para discutir:* 1 Pedro 3:7; Génesis 1:26–27; Efesios 5:21–30; 1 Corintios 13:4–7; Colosenses 3:19; Efesios 4:29–32). *(5 min)*

Secciones de la Lección 6A	Subdivisiones
	TG: Compartir *(12 min)*
	TG: Preguntas para el diálogo: 3. ¿Hay pasajes de las Escrituras que las personas en su comunidad usan para justificar el abuso doméstico? Si los usan, ¿cuáles son, y qué dicen? Haga una lista de los pasajes y pídale a un pequeño grupo que lo dialogue para que más tarde lo compartan con todo el grupo. *(5 min)*
4. ¿Por qué continúa el abuso doméstico? *(15 min)*	**PG:** Que la mitad del grupo responda a la primera pregunta y; la otra mitad, la segunda.
	1. Resuma los motivos mencionados por los que las personas abusan de miembros de su familia, y luego agregue otros que se le ocurran.
	2. Resuma los motivos mencionados por los que las personas permanecen en relaciones en las que son abusadas, y luego agregue otros que se le ocurran. *(7 min)*
	TG: Comentarios e información complementaria *(8 min)*
5. ¿Cómo podemos ayudar a las víctimas del abuso doméstico? *(15 min)*	**PG:** Pregunta para el diálogo: ¿Qué ayuda se les puede dar a las víctimas del abuso doméstico? *(6 min)*
	TG: Comentarios. Comparta información sobre los recursos y servicios disponibles en su área para ayudar a las víctimas de abuso doméstico (Organizaciones, números telefónicos, direcciones, entre otros) *(9 min)*
6. ¿Cómo podemos ayudar a los abusadores? *(5 min)*	**TG:** Resuma esta sección *(5 min)*
Actividad de clausura	**PG:** Realícela solamente si dispone con más de una hora y media.

Para ahorrar tiempo

Omita la sección 4 si ya se ha incluido previamente en la discusión de la historia.

LECCIÓN 6B: EL SUICIDIO

Objetivos de aprendizaje

Al final de esta lección, el participante deberá ser capaz de:

- Entender las causas y los efectos del suicidio en cada una de las personas involucradas.
- Dar ejemplos de personajes bíblicos que consideraron el suicidio, y evaluar sus reacciones.
- Comparar la reacción y el entendimiento de su cultura ante el suicidio, con las narraciones bíblicas y los principios de salud mental.
- Identificar qué tan seriamente alguien está contemplando la idea del suicidio.
- Ayudar a los seres queridos de personas que han cometido suicidio a sanar su experiencia del trauma.

Secciones de la Lección 6B	Subdivisiones
1. Historia *(17 min)*	**TG:** Lea la historia *(5 min)*
	PG: Preguntas para el diálogo *(7 min)*:
	1. ¿Quién fue responsable de que Rubí se suicidara? ¿Quién se sintió responsable? ¿Por qué?
	2. ¿Cómo afectó el suicidio de Rubí a Estrella? ¿Cómo afectó a sus seres queridos?
	3. ¿Cómo le ayudó la abuela a Estrella?
	TG: Comentarios *(5 min)*
2. ¿Por qué las personas se suicidan? *(8 min)*	**TG:** Presente el contenido *(3 min)*
	TG: Comentarios e información complementaria *(5 min)*
3. Personas desesperadas en la Biblia *(15 min)*	**PG:** Distribuya a cada grupo un pasaje bíblico para leer *(5 min)*
	TG: Comentarios *(10 min)*
4. Señales que alertan *(15 min)*	Represente el drama que se describe a continuación y dialogue sobre él *(10 min)*
	TG: Pregunta para el diálogo: Según su opinión, ¿cuáles indicios pudiera delatar a una persona que está pensando en suicidarse? *(5 min)*

Secciones de la Lección 6B	Subdivisiones
5. ¿Cómo podemos ayudar a las personas que piensan en suicidarse? *(13 min)*	**PG:** Que algunos grupos respondan a la pregunta uno; y otros, a la dos *(5 min)*: 1. ¿Cómo tratan las personas en su comunidad a una persona que intenta suicidarse? ¿Cree que esas reacciones lo ayudan o lo perjudican? 2. ¿Cómo podemos ayudar a las personas que piensan en suicidarse? **TG:** Comentarios e información complementaria Agregue: Ayude a las personas a encontrar una línea telefónica de atención u otro servicio de apoyo. *(8 min)*
6. ¿Cómo podemos ayudar a los seres queridos de una persona que se ha suicidado? *(12 min)*	**PG:** Que un grupo responda a la pregunta uno; y el otro, a la dos: *(5 min)* 1. En su comunidad, ¿cómo son tratados los seres queridos de una persona que cometió suicidio? ¿En qué ayuda o perjudica ese trato? 2. ¿Cómo podemos ayudar a los seres queridos de una persona que cometió suicidio? **TG:** Comentarios e información complementaria *(7 min)*
Actividad de clausura *(15 min)*	**PG:** Elija una de las dos actividades de clausura.

Dramatización: Cómo evaluar el riesgo del suicidio

Represente el drama como parte de la sección 4 (Señales de alerta). Adáptelo a las necesidades.

- Utilice una causa común de suicidio en su área. Por ejemplo: una estudiante universitaria que queda embarazada, un adolescente que ha fallado en el examen de admisión de una universidad, una víctima de abuso sexual, una esposa violada por un vecino, un estudiante que es acosado en la escuela, un esposo que pierde el trabajo, una ama de casa que ha perdido su esposo e hijos.

- Hable acerca del suicidio de la misma manera que este es discutido en su cultura. Por ejemplo, en los Estados Unidos, las personas pueden ser más directas y preguntar: ¿Ha pensado alguna vez en matarse? En otros países, es más apropiado preguntar: ¿ha perdido usted la esperanza?

Introducción

Mientras asistía al internado, a María José, de repente, se le dificultaban sus estudios. Con más y más frecuencia se ausentaba de clase y permanecía encerrada en su cuarto. Cuando iba a comer al refectorio, nunca terminaba su comida y no hablaba con nadie. Después de una semana, su amiga Paula fue a visitarla a su habitación. (**P: Paula y M: María José**)

No saber escuchar

P: (Toca la puerta y entra en la habitación) Vine a ver por qué estás tan callada. De seguro la situación no es tan grave.

M: Bueno, yo diría que sí lo es (suspira).

P: **Entonces, ¿qué vas a hacer?**

M: (Encoge los hombros y mira al piso) No sé.

P: Si te quedas todo el día en la habitación reprobarás las clases.

M: Yo creo que ya las reprobé, **no soy capaz de concentrarme.**

P: **Te voy a ayudar.** ¿Qué quieres que estudiemos primero?

M: (Cambia su posición en la silla alejándose un poco de Paula) No sé, **me siento muy mal.**

P: **Lo que necesitas es un poco de ayuda con tus estudios.** Vamos a estudiar juntas. Pero primero, vayamos a comer algo.

M: (Mal sentada) No, no quiero ir. **Parece que ya nada vale la pena. Me doy por vencida.**

P: (Ahora actuando más dramáticamente, levanta los brazos, se pone de pie) **No te puedes quedar aquí María José.** Tenemos a un Dios que nos ama y nos cuida. **Tenemos que confiar en él** porque si no lo hacemos es que **no tenemos fe.** Voy a orar por ti.

M: (No tiene otra opción que dejar que Paulina tome su mano para orar) De acuerdo, pero no estoy segura que vaya a servir para algo. He estado orando y cada vez me siento peor. Ya no tengo esperanza.

P: (Ora) Querido Dios, ayuda a María José a darse cuenta de que tú la cuidas. Ayúdala a sentirse mejor y a ser más obediente aplicándose al trabajo de la escuela. Amén. ¿Te sientes mejor?

M: (Encoje los hombros de nuevo) No sé.

P: (Se levanta para despedirse) Mañana en la mañana, cuando hayas dormido, estoy segura que te sentirás mejor. Nos vemos mañana en clase.

M: (Sin levantar la mirada) Adiós.

Saber escuchar

P: (Toca la puerta y entra en la habitación) Hola, María José, vine a ver **por qué estás tan callada y no has salido de tu cuarto.** ¿Qué pasa?

M: (Suspira y levanta un poco la mirada) No me he sentido bien.

P: (Se sienta y mira a María José) **¿Qué pasó?**

M: (Mira hacia el piso) **No sé** qué decir.

P: **Está bien. Empieza por algo. Me preocupo** por ti.

M: Gracias, pero se me pasará.

P: **No estoy tan segura.** Has estado muy callada y has perdido muchas clases. Parece que no eres tú misma. **Dime, ¿qué te pasa?**

M: Es **muy difícil** hablar de eso.

P: **Dime, ¿cómo empezó?**

M: (Levanta la cabeza por un breve momento) ¿Te acuerdas de Daniel?

P: Sí, el chico que vino con un grupo de amigos del internado que queda cerca.

M: (Se queda en silencio y baja la mirada)

P: ¿Algo pasó cuando Daniel vino a visitar?

M: (Dice que sí con su cabeza y parece aún más triste)

P: María José, **sé que esto te causa mucho dolor,** puedes confiar en mí.

M: (Dice que no con la cabeza) No creo que pueda hablar con nadie. **Es mi culpa.** Mis padres son muy religiosos y nunca me aceptarán. **He perdido toda esperanza.**

El facilitador comenta: En este momento usted puede tener la tentación de averiguar qué pasó. Sin embargo, María José acaba de decir que ha perdido la esperanza. Tan pronto como alguien comience a decir que ha perdido la esperanza, se ha dado por vencida, no quiere estar más aquí, o quiere escapar o acabar con su vida concéntrese en el riesgo del suicidio, y no trate de buscar más detalles.

No todas las personas van a decir: «He perdido toda esperanza», si notas un cambio significativo de comportamiento, usted puede hacer una pregunta similar: «¿Has perdido toda esperanza?», o «¿No encuentras salida?»

P: ¿Qué quiere decir que **has perdido la esperanza?**

M: Creo que sería **mejor no estar aquí. Mi vida está arruinada.**

P: ¿Qué quiere decir que **está arruinada? ¿Has pensado en quitarte la vida?**

M: (Se sienta en silencio, y dice que sí con la cabeza) No entiendes. **Mi familia no me aceptará.** Me acabo de enterar que estoy esperando un bebé y **no tengo salida.**

P: ¿Has pensado de qué manera te quitarías la vida?

M: **Sí.**

P: **¿Qué has planeado?**

El facilitador comenta: Al hacer preguntas más específicas nos damos cuenta si los pensamientos suicidas han llegado a ser más que pensamientos. Si usted se da cuenta de que los pensamientos también incluyen un plan de cómo llevarlo a cabo, el riesgo de suicidio es mayor.

M: Puedo tomar una **sobredosis de pastillas.**

P: **¿Tienes pastillas aquí** en tu cuarto?

M: (Dice que sí con la cabeza)

P: **¿Me las puedes dar?** O dime dónde están.

M: Pero tú no me entiendes, ¿Qué más puedo hacer?

P: (Con una voz suave) María José, **yo quiero ayudarte a buscar otras opciones. Estaré aquí** contigo. Por favor, dime dónde están las pastillas.

M: (**Busca las pastillas y se las entrega a Paula**)

P: Me gustaría **quedarme aquí contigo** por hoy. ¿Me dejas? Quiero estar segura de que estarás bien.

M: (Dice que sí con la cabeza)

P: **Juntas vamos a ver qué hacer.** ¿Me puedes decir una cosa que te ayude a sentir mejor?

M: El saber que no estoy sola y que tú estás conmigo me hace sentir mejor.

P: **Estoy aquí para ti.** Mañana con la mente descansada haremos una lista de otras cosas que te ayudarán a sentirte mejor. También podemos pensar en alguien más que nos pueda ayudar. Tal vez podamos encontrar un consejero, **¿te gustaría eso?**

M: (Dice con voz suave) Creo que sí.

LECCIÓN 6C: LAS ADICCIONES

Esta lección se incluye porque el trauma puede causar adicciones, y las adicciones pueden causar el trauma.

Objetivos de aprendizaje

Al final de esta lección, el participante deberá ser capaz de:

- Entender cómo las personas se vuelven y permanecen adictas.
- Ayudar a los adictos a encontrar esperanza y a sanar a través de la Biblia.
- Ayudar adecuadamente al adicto dependiendo de la etapa en que se encuentra en su decisión de recuperarse.
- Ayudar a miembros de la familia a encontrar bienestar, independientemente de la recuperación del adicto.

Secciones de la Lección 6C	Subdivisiones
1. Historia *(15 min)*	**TG:** Lea la historia *(5 min)*
	PG: Preguntas para el diálogo: ¿Qué problema tenía Daniel? ¿Cómo afectaba este problema a Cecilia? ¿Cómo afectaba este problema a Miguel? Mencione algunas de las cosas a las que pueden ser adictas las personas. *(5 min)*
	TG: Comentarios *(5 min)*
2. ¿Qué es una adicción? *(3 min)*	**TG:** Presente el tema
3. ¿Por qué las personas llegan a ser adictas? *(12 min)*	**PG:** Preguntas para el diálogo: ¿Por qué las personas llegan a ser adictas? ¿Cómo sucede? *(5 min)*
	TG: Comentarios e información complementaria *(7 min)*
4. ¿Qué dice la Biblia acerca de las adicciones? *(17 min)*	**PG:** Distribuya a cada grupo los siguientes pasajes bíblicos para compartir: Santiago 1:13–15; Efesios 4:22–24 Colosenses 3:1–3; Romanos 6:11–13; 2 Corintios 10:3–5; 1 Corintios 10:13 *(5 min)*
	TG: Comentarios *(12 min)*
5. ¿Cómo podemos ayudar a las personas que son adictas? *(20 min)*	**PG:** Pregunta para el diálogo: ¿Por qué los adictos no dejan simplemente su adicción? *(5 min)*
	TG: Comentarios e información complementaria *(5 min)*
	TG: Utilice el siguiente juego de roles para que los participantes aprendan cómo ayudar a los adictos en las diferentes etapas de la recuperación. Para la etapa 3, agregue: Ayúdelos a conectar con un grupo de apoyo local para la recuperación. *(10 min)*
6. ¿Cómo podemos ayudar a los familiares de los adictos? *(30 min)*	**PG:** Pregunta para el diálogo: En su experiencia, ¿cómo podemos ayudar mejor a la familia del adicto? *(5 min)*
	TG: Comentarios e información complementaria *(10 min)*

Secciones de la Lección 6C	Subdivisiones

PG: Preguntas para el diálogo: Imagínese que vive con un alcohólico como Daniel. Ahora responda a las siguientes preguntas. *(8 min)*

1. ¿Qué puede cambiar usted?
2. ¿Cómo puede cuidar de sí mismo?
3. ¿Qué cosas hace usted con la intención de ayudar pero que en realidad permiten que el adicto continúe con su adicción? (Por ejemplo, encubrir lo que sucede)

TG: Comentarios *(7 min)*

Actividad de clausura   **GP:** Si el tiempo lo permite

Dramatización: Juego de roles sobre la adicción

Nota: Las siguientes conversaciones son una composición sobre las respuestas adecuadas para las diferentes etapas de la recuperación. En muy raras ocasiones se darán conversaciones como las siguientes que lo incluyan todo.

Ad: Adicto y Am: Amigo

Etapa 1 «¡No tengo ningún problema; déjame en paz!» (no está listo):

Am: ¿Qué tal, José, cómo estás?

Ad: Bien, todo va muy bien.

Am: En serio, te ves agotado. Supe lo de la fiesta del fin de semana pasado.

Ad: ¡Estuvo muy buena! Solo me acuerdo de una parte, pero fue divertido.

Am: José, me preocupas. Parece que estás haciendo esto cada fin de semana. Yo creo que...

Ad: (Lo interrumpe) ¡No tengo ningún problema; déjame en paz! Todo está bien. Nos vemos más tarde.

Am: Escúchame. Quiero que sepas por qué me preocupa que tomes tanto. Me asusta que hayas llegado al extremo —ya no te acuerdas de nada. Y además está afectando tu trabajo y familia, sé que los quieres mucho.

Ad: En serio, no hay nada de qué preocuparse. Adiós.

Etapa 2 «Tal vez soy adicto» (casi listo):

Am: Hola, José, ¿cómo te va?

Ad: ¡Ahí! Más o menos.

Am: ¿Qué pasa?

Ad: Nada, solo que esta mañana me desperté en un lugar todo extraño y no me puedo acordar qué pasó anoche. Me siento muy mal hoy. Me da mucho miedo eso.

Am: Sí, es algo tremendo.

Ad: Tal vez soy adicto. Tengo que disminuir un poco. O, dejar de beber por un tiempo.

Am: No será nada fácil, pero es una muy buena idea. ¿Cómo crees que eso te ayudará?

Ad: Bueno, tal vez no tendría una resaca cada fin de semana. Y no llegaría tarde al trabajo. Y tal vez no habría tantas peleas en la casa.

Am: Eso me parece muy bien. Ahora te acordarás de todo. Recuerda que aquí estoy para lo que necesites. Llámame cada vez que sientas la tentación de tomar.

Etapa 3 «Soy adicto, tengo que dejarlo» (listo):

Am: José, ¿cómo va todo?

Ad: Nada bien. ¿Sabes lo que te dije de disminuirle un poco a la bebida?

Am: Sí, lo recuerdo.

Ad: Bueno, lo intenté, pero no está funcionando. Estoy fuera de control. Soy un adicto, tengo que dejarlo. Quiero que sea hoy mismo, necesito dejar de tomar.

Am: Gracias por decirme. Sé que es difícil, pero aquí estoy para ayudarte. Vamos por un café... ¿Por qué crees que empezaste a tomar?

Ad: No lo sé. Estaba en la escuela secundaria y mi papá dejó a mi mamá. Yo me llené de rabia, y también mis amigos, bueno, tomaban mucho.

Am: Y la semana pasada, ¿qué pasó? ¿Por qué empezaste a beber de nuevo?

Ad: Fue después de que tuve una discusión con mi esposa. Estaba encolerizado y no sabía qué hacer.

Am: Tal vez tomas cuando estás con ira o confundido.

Ad: Sabes que sí, creo que es verdad.

Am: Un amigo mío, Pepe, superó una adicción. Me dijo que cuando sentía las ansias, contaba hasta diez, y se le pasaban las ganas de hacerlo. ¿Hay algo bueno que puedas hacer cuando te den ansias de tomar? Tal vez podamos hacer una lista.

Ad: Seguro, tal vez podemos ir a correr o a caminar. Eso tal vez me haga sentir mejor. O tal vez, si te puedo llamar. Y ser cuidadoso, en televisión pasan muchas propagandas de cervezas.

Am: Es un buen comienzo. Tal vez puedas encontrar un grupo de apoyo. ¿Te gustaría conocer a Pepe?

Ad: Sería bueno. Podría ayudar.

Etapa 4 «¡Oh, no! ¡Lo hice de nuevo!» (volver a empezar):

Am: (Preocupado) Hola José, ¿estás bien?

Ad: ¡Oh, no! ¡Lo hice de nuevo! Todo iba muy bien, hasta que anoche me puse a pelear con mi esposa. Estaba tan enfadado que fui al bar y me embriagué. ¡No lo puedo creer!

Am: ¡Oh!

Ad: Así es, ya llevaba cinco meses sin tomar. ¿Ahora qué voy a hacer?

Am: ¿Sabes? Esta es una parte normal de la recuperación. No quiere decir que todo esté acabado. Hoy das un nuevo paso. Jesús te ama y también está contigo en este camino. Y aquí estoy yo también.

Para ahorrar tiempo

Que, al mismo tiempo, la mitad del grupo discuta la sección 5 y la otra mitad la sección 6. Después reúnanse para compartir y para la información complementaria.

LECCIÓN 7: CÓMO CUIDAR AL QUE CUIDA

Presente la idea del «trauma secundario» (El trauma secundario ocurre cuando vemos o escuchamos la experiencia traumática de alguien y empezamos a presentar algunos síntomas del trauma: reviviendo, evadiendo o estando siempre alerta). No es lo mismo que sentirse sobrecargado de trabajo, aunque una persona puede experimentar ambas cosas al mismo tiempo.

Objetivos de aprendizaje

Al final de esta lección, el participante deberá ser capaz de:

- Entender lo necesario que es el cuidado propio, y mucho más cuando ayudamos con el tratamiento del trauma.
- Identificar las dificultades que enfrentan los que cuidan de los demás.
- Evaluar qué tan bien se está cuidando a sí mismo.
- Dar ejemplos de la Biblia sobre el cuidado personal.
- Establecer objetivos para el cuidado personal.

Secciones de la Lección 7	Subdivisiones
1. Historia *(10 min)*	**TG:** Lea la historia. Pregunta para el diálogo: «Según su opinión, ¿por qué el pastor López tiene todos estos problemas?» *(5 min)*
	TG: Comentarios: Resalte el hecho de que, además de sus otros problemas, López sufre de trauma secundario. *(5 min)*
2. ¿Cómo podemos saber si el que cuida está sobrecargado? *(15 min)*	**PG:** Preguntas para el diálogo: 1. ¿Conoce a alguien que se ha sobrecargado tanto de trabajo ayudando a otros que acabó desanimado o enfermo? ¿Qué dice esa persona? ¿Cómo se comporta?
	Agregue otras ideas que las personas puedan tener. Complemente con lo que no se ha mencionado de lo que está en el libro. *(5 min)*
	De a 2: Pregunta para el diálogo: 2. ¿Se ha sentido sobrecargado? Describa cómo se sintió. *(5 min)*
	TG: Reciba breves comentarios, pero respete a quienes no quieran compartir su historia. Pregúnteles si conocen los síntomas que muestran las personas que se sienten sobrecargadas. *(5 min)*
3. ¿Por qué es difícil ser el que cuida? *(20 min)*	**PG:** Pregunta para el diálogo: ¿Qué dificultades ha experimentado al cuidar a otros? *(10 min)*
	TG: Reciba los comentarios de los grupos. Y complemente con lo que hay en la sección 3 que no se ha mencionado. *(10 min)*
4. ¿Cómo pueden los que cuidan cuidarse a sí mismos? *(22 min)*	**TG:** Muestre un cuchillo y una lima. Explique cómo el cuchillo no sirve de nada si está desafilado. Necesitamos tomar tiempo para afilarlo. *(5 min)*
	PG: Dé a cada grupo uno de los siguientes pasajes y pídales que encuentren lo que enseñan sobre el cuidado personal:
	1 Reyes 19:3–8 (descanso y comida); Marcos 6:30–32 (retiro); Gálatas 6:2 (compartir con otros); Éxodo 18:13–23 (delegar); Salmo 1:1–3 (recibir fortaleza de la Palabra de Dios) *(7 min)*
	TG: Comentarios e información complementaria de la sección 4A–4D *(7 min)*
	TG: Presente la sección 4E (Cuide su cuerpo) *(3 min)*

Secciones de la Lección 7	Subdivisiones
Actividad de clausura *(15 min)*	**De a 2:** Pregunta para el diálogo: En grupos pequeños describa su carga de trabajo. ¿Cómo puede cuidarse a sí mismo y a su familia mientras cuida a otros? Procure que cada persona identifique algo práctico para la semana siguiente. Después oren mutuamente *(10 min)* **TG:** Comentarios *(5 min)*
Ejercicio opcional	Si el tiempo lo permite, lidere al grupo en uno, o varios, de los siguientes ejercicios para ayudar a encontrar fortaleza: Respiración, árbol o contenedor (al final de las lecciones 2 y 7).

Consejos prácticos

1. Empiece la lección con la dramatización: Que alguien juegue el papel de un pastor sobrecargado que tiene muchas personas que vienen a él. Su esposa y niños tratan de recibir atención, y al final él tienen dos celulares que suenan. Dialogue sobre cómo cree el grupo que el pastor se siente y qué hace que las personas lleguen a estar tan sobrecargadas de trabajo.

2. Para la actividad, el cuchillo es recomendado, y no el machete; porque el machete se ha usado como arma de guerra. Use una herramienta que se acomode a las circunstancias como ayuda visual de la sección 4. Si el cuchillo puede ser recordatorio de un trauma, utilice, en su lugar, un lápiz y un sacapuntas.

3. Pregunte cuántos participantes han tomado unas vacaciones en el último año. Dialoguen sobre cómo planificar vacaciones para este año.

4. Como actividad de clausura, puede proponer este juego de roles: Que una persona le pida a otra que tome una responsabilidad, a lo que la otra persona contesta, clara pero educadamente, que «no».

LECCIÓN 8: LLEVE SU DOLOR A LA CRUZ

El libro *Sanar las heridas del corazón* contiene información detallada sobre el siguiente ejercicio.

Objetivos de aprendizaje

Al final de esta lección, el participante deberá ser capaz de:

- Identificar las heridas del corazón y experimentar los beneficios de compartirlas con otra persona.
- Comprender que Jesús murió en la cruz para sanarnos y traernos perdón.
- Continuar trayendo sus heridas a la cruz de Cristo.
- Ayudar a otros a traer sus heridas a la cruz de Cristo.

Secciones de la Lección 8	Subdivisiones
1. Identifique las heridas de su corazón *(50 min)*	**(1A) TG:** Comience con una canción. A continuación, el facilitador explica lo que va a pasar. Esto hace que las personas se sientan más seguras. Luego, hable de cómo Jesucristo toma nuestro dolor y sufrimiento, y también nuestros pecados, sobre la cruz. Lea los pasajes de la sección 1: Mateo 8:16–17; Isaías 52:3–4; Lucas 4:18–19, 20–21. *(10 min)*
	TG: Reparta hojas de papel y explique que habrá un tiempo para reflexionar en oración, durante el cual cada persona podrá escribir su dolor más grande. Nadie verá el papel. Puede sugerirles que busquen un lugar tranquilo para estar a solas. Dígales que los llamará en 15 minutos. *(2 min)*
	Tiempo a solas *(18 min)*
	(1B) PG: Divida a los participantes en grupos de dos o tres, ya sea asignándoles sus compañeros o dejando que ellos los elijan. ¡Asegúrese de que nadie quede sin grupo! Anímelos a compartir si se sienten cómodos para hacerlo. Después, pueden orar unos por otros. *(20 min)*
2. Lleve sus heridas y dolor a Jesús *(25 min)*	**TG:** Canción
	Luego el líder lee Isaías 53:4–6 *(5 min)*
	TG: Invite a las personas a llevar su papel a la cruz. Pueden clavarlo allí o ponerlo en una caja que deberá colocarse al pie de la cruz. *(10 min)*
	TG: Recoja los papeles y salgan (piense en otra alternativa, por si llueve). Formen un círculo grande. Lea Isaías 61:1–3. Canten algunos himnos de adoración durante este tiempo. Quemen los papeles en el centro, mientras el grupo sigue cantando. Indique a algún participante que realice una oración de gratitud al Señor. *(10 min)*

Secciones de la Lección 8	Subdivisiones
3. Comparta lo que Dios ha hecho *(10 min)*	**TG:** Después de quemar los papeles, invite a las personas a compartir por un breve momento lo qué ha hecho Dios al sanarlos. Termine con una oración final y una canción. Incluya la oración del Señor o «Que el Señor Jesucristo derrame su gracia sobre ustedes» (Filipenses 4:23). *(10 min)*

Consejos prácticos

1. Enfatice que la cruz se usa como un símbolo de Cristo. En ocasiones, a los participantes de ciertas denominaciones les cuesta trabajo aceptar su uso.

2. Si el clima es húmedo, aplique queroseno (u otro combustible) sobre los papeles para que se quemen con facilidad.

3. Algunos grupos prefieren combinar «Lleve su dolor a la cruz» con la Ceremonia del perdón como actividad final al terminar todo el programa. En este caso, pida a los participantes dividir los papeles en tres categorías:

    *   Pecados por los que quieren pedir perdón a Dios
    *   Sufrimientos y heridas que quieren traer a Dios
    *   Resentimiento que ellos guardan contra alguien

    Para cada sección, lea los pasajes apropiados de la Palabra de Dios y dé tiempo para reflexionar en silencio y escribir.

LECCIÓN 9: CÓMO PODEMOS PERDONAR A OTROS

Objetivos de aprendizaje

Al final de esta lección, el participante deberá ser capaz de:

*   Definir y diferenciar entre perdón real y perdón falso.
*   Explicar el proceso de cómo podemos perdonar a otros.
*   Explicar por qué necesitamos perdonar a otros, en especial por ser cristianos.
*   Explicar el proceso del verdadero arrepentimiento.
*   Identificar a las personas que necesitan perdonar o a las que deberían pedirle perdón.

Secciones de la Lección 9	Subdivisiones
1. Dramatización *(10 min)*	**TG:** Hay dos formas de hacer estas dramatizaciones: 1. Con anticipación, pídale a algunos participantes que estén preparados para presentar la dramatización. 2. Divida a los participantes en tres grupos. En 5 minutos, cada grupo deberá preparar una de las dramatizaciones para luego representarla. Esto tomará 5 minutos más.
2. El perdón no es ... *(20 min)*	**PG:** Con base en las dramatizaciones, la mitad de los grupos analizará lo que el perdón no es; y la otra mitad, lo que sí es. *(10 min)* **TG:** Escriba las sugerencias de grupo en la pizarra. Complemente con la información necesaria de las secciones 2 y 3. *(10 min)*
3. ¿Cómo podemos perdonar a otros? *(20 min)*	**TG:** Hable sobre los puntos que van desde la A hasta la D. Muestre el ciclo del perdón en la pizarra. *(10 min)* **PG:** Preguntas para el diálogo: ¿De qué manera las ideas bíblicas del perdón son similares a las tradicionales? ¿En qué se diferencian? *(5 min)* **TG:** Comentarios y respuestas. Haga énfasis en que no está mal usar un intermediario, si eso es usual en dicha cultura. Recuerde que puede haber participantes de más de una cultura. *(5 min)*
4. ¿Por qué Dios quiere que perdonemos? *(30 min)*	**TG:** Haga la dramatización de la soga, que se presenta a continuación; y explique que cuando no se perdona, el que sufre es uno. *(7 min)*. **PG:** Que cada grupo analice uno de los siguientes versículos: Efesios 4:26–27; 2 Corintios 2:10–11; Hebreos 12:14–15; Mateo 6:14–15; 1 Juan 4:10; Efesios 4:32; Mateo 18:21–35 y luego compartan lo que dicen sobre por qué debemos perdonar *(5 min)*. **TG:** Comentarios e información complementaria de las secciones A–C. Complemente con la información de los puntos D y E *(5 min)*

Secciones de la Lección 9	Subdivisiones
	PG: Elija una de las siguientes preguntas: 1. ¿Qué es lo que más se le dificulta para perdonar a otra persona? ¿Qué es lo que más le ha ayudado para perdonar a otra persona? 2. ¿Qué tradiciones tienen que les ayudan a perdonar a otros? ¿Qué tradiciones obstaculizan el perdón? *(8 min)* En caso de elegir la segunda pregunta pida que comenten algunas respuestas. *(5 min)*
5. ¿Y si nosotros somos los que hemos hecho la ofensa? *(5 min)*	**TG**: Pregunte: ¿Cómo podemos arrepentirnos? Trate de obtener los puntos de la sección 5A. **PG/TG**: *Opcional: Si el tiempo y la ocasión lo permite, pregunte: ¿Cómo la iglesia puede ayudar a que la gente se arrepienta? y comparta algunas respuestas.*
Actividad de clausura *(5 min)*	**TG**: Si no llevara a cabo la ceremonia del perdón, finalice con esta actividad.

Dramatización de la soga

Pida la ayuda de dos voluntarios (del mismo sexo). Uno desempeñará el papel de Sam (o Samanta), a quien lo ofendió un amigo. Ate a los dos amigos, espalda con espalda, con una soga. A cualquier lugar que Sam vaya, arrastra a su amigo, como si fuera una carga. Esto es agotador y frustrante para él.

Ahora, diga:
- Cuando Sam camina, su amigo está ahí.
- Cuando Sam cena, su amigo está ahí.
- Cuando Sam intenta trabajar, su amigo está ahí.
- Cuando Sam ora, su amigo está ahí.
- Cuando Sam intenta huir, su amigo lo sigue.
- Cuando Sam intenta esconderse, su amigo está ahí.

Los actores deben seguir las instrucciones dadas por el líder que se acaban de mencionar para mostrar que, sin importar a dónde vaya Sam, no puede escapar de sus propios pensamientos y sentimientos respecto de su amigo. No podrá huir de ellos hasta que lo perdone. Pídale a Sam que perdone a su amigo, y mientras este lo hace, desate la soga. El perdón es un regalo que recibimos del Señor y que también deberíamos dárselo a otros (Mateo 18.22–35).

Versión alternativa: Use una soga larga. Pídale a dos voluntarios que representen los siguientes casos:

- Juan (o Juana) no puede perdonar a su mamá por algo que ella hizo durante su niñez. (Ate a la mamá a la espalda de Juan). Él la ha cargado siempre desde su juventud.
- Juan tuvo una discusión con su jefe el mes pasado, y aunque el jefe le pidió disculpas, Juan no lo ha perdonado —entonces se une a su madre. (Ahora ate el jefe a Juan y a su mamá).
- Agregue otros personajes hasta que Juan esté arrastrando un gran número de personas.

Comenten los efectos de tener el hábito de no perdonar.

Consejos prácticos

La disciplina de la iglesia puede variar, desde ser muy descuidada hasta ser muy estricta con cosas que no son ni siquiera pecados. (Por ejemplo, las mujeres son excomulgadas por haber sido violadas). Conozca el contexto antes de enseñar la última lección.

Para ahorrar tiempo

1. La sección final sobre el arrepentimiento es muy conocida y, de ser necesario, puede omitirse.
2. La actividad de clausura puede ser usada como un devocional durante la mañana.

LECCIÓN 10: VIVIR COMO CREYENTES EN MEDIO DEL CONFLICTO

Esta lección tiene como objetivo ayudar a la gente que vive en medio del conflicto de grupos (no conflicto interpersonal), aunque la solución de conflictos a nivel nacional debe incluir a los líderes políticos. Como la iglesia es multiétnica e incluye personas de diferentes clases sociales, a menudo surgen en ella, de manera sutil, tensiones ocultas, incluso cuando no había conflicto aparente. Por ejemplo, en una iglesia se desarrolló un debate acalorado sobre la clase de pavo que debería prepararse para la cena de Navidad, ya que tres grupos étnicos tenían distintas tradiciones.

Objetivos de aprendizaje

Al final de esta lección, el participante deberá ser capaz de:

- Aceptar el conflicto como parte de la vida, incluso de la vida de la iglesia.
- Identificar las causas del conflicto, en especial el prejuicio.
- Vivir como un cristiano íntegro en medio del conflicto.

- Servir como puente entre los diferentes lados del conflicto para traer reconciliación.

Secciones de la Lección 10	Subdivisiones
1. Historia *(30 min)*	**TG**: Comience con la dramatización del conflicto de una iglesia y lea el resumen de Hechos 6. *(10 min)*
	TG: Haga un análisis sobre la dramatización preguntando: ¿Cuáles fueron las causas del conflicto que se relata en Hechos 6:1–7? ¿Cómo impidieron los líderes que las tensiones étnicas arruinaran la iglesia? *(3 min)*
	TG: Lea la historia del conflicto entre los colonos y los ocuraníes. *(4 min)*
	PG: Preguntas para el diálogo:
	1. ¿Por qué era difícil para Fabio y Jonás aceptar que el otro era un verdadero cristiano?
	2. ¿Qué van a pensar y a hacer los otros colonos y ocuraníes cuando vean a Fabio y a Jonás conversando? *(7 min)*
	TG: Comentarios *(6 min)*
2. Causas de conflicto *(30 min)*	**TG**: ¿Existen conflictos en su comunidad o país? Haga una lista. Luego pregunte: ¿Cuáles son las raíces de esos conflictos? Complemente con lo que no se ha hablado de la sección 2 *(10 min)*
	PG: Preguntas para el diálogo
	1. ¿Cuáles prejuicios ha heredado de otro grupo? ¿Puede pensar en alguna evidencia que demostraría que estas ideas no son verdad?
	2. ¿Cómo describen otros a su grupo? ¿Qué evidencia pudieran tener de esta descripción? *(10 min)*
	TG: Comentarios *(10 min)*
	(Véase el ejercicio de estereotipos de grupo a continuación para un acercamiento más participativo en esta pregunta.)
3. Vivir como creyentes en medio del conflicto *(15 min)*	Escriba en la pizarra los 4 títulos de las secciones A a la D. Pídale a cada grupo que tome uno y que encuentren versículos bíblicos que se apliquen al tema. *(8 min)*

Secciones de la Lección 10	Subdivisiones
	TG: Comentarios e información complementaria o versículos encontrados en el libro *(7 min)*
4. ¿Cómo podemos ayudar a que haya reconciliación *(15 min)*	Opción 1: **TG:** Haga una dramatización que muestre la reconciliación verdadera y otro que muestre la reconciliación falsa. Haga ambos ejercicios para todo el grupo. *(10 min)*
	Opción 2: **GP:** Discuta lo siguiente: ¿Cómo podemos vivir como cristianos en medio del conflicto? *(10 min)*
	Opción 3: **PG:** Véase el ejercicio del puente a continuación
	TG: Comentarios. Resalte la necesidad que tenemos de ser un puente entre los grupos en conflicto. Cristo es el único que puede sanar divisiones, por lo que es necesario que cada grupo se arrepienta por sus pecados y discuta los problemas con franqueza a fin de encontrar soluciones. *(5 min)*

Ejercicio del puente

Puede ser una manera más participativa de presentar la sección 4. Haga un río imaginario en medio del salón, y haga dos grupos, uno a cada lado del río. Los dos grupos están en conflicto. En grupos pequeños, pregunte a los participantes qué pueden hacer para crear un puente entre los dos grupos y que encuentren algo que pueda servir como un símbolo. Pídales que expliquen sus respectivos símbolos al tiempo que ellos lo sitúan sobre el río. Complemente con lo que hay en el libro que aún no se ha mencionado.

Ejercicio de estereotipo de grupo

Con todo el grupo, escriba el nombre del grupo étnico del facilitador en una hoja de papel y péguelo a la pared. Pídale a los participantes que piensen en palabras que describan a ese grupo, tanto negativas como positivas, que se les ocurran. Escríbalas en la hoja de papel. Acepte estas palabras sin tomar ofensa. Luego, pregúntele a un voluntario que quiera seguir con su propio grupo étnico. *(5 min)*

Luego, pegue también a la pared, alrededor del salón, cuatro hojas de papel con nombres conocidos de grupos étnicos. Divida el grupo en cuatro grupos pequeños y que cada uno se pare cerca de uno de los papeles. Pídales que piensen en palabras que describan a ese grupo étnico. Después de dos minutos, pídales que roten al siguiente; y así sucesivamente, hasta que todos los grupos hayan pasado por todas las estaciones. *(10 min)*

Traiga las palabras al frente, léalas en voz alta y pregúntele al grupo si esa palabra es positiva o negativa. Casi siempre son negativas. Esto demuestra todo el prejuicio que hay en nuestros corazones. Trace una equis (X) grande en el papel y pregúntele al grupo si renuncian a este prejuicio por el amor a Cristo. Si no renunciamos a los prejuicios, ellos serán la causa de conflicto étnico. *(5 min)*

LECCIÓN 11: CÓMO PREPARARSE PARA LAS DIFICULTADES

Objetivos de aprendizaje

Al final de esta lección, el participante deberá ser capaz de:

- Argumentar, desde la Biblia, lo sabio de prepararse con tiempo para las dificultades.
- Ayudar a la comunidad a hacer preparativos prácticos para las dificultades.
- Ayudar a las comunidades a organizar canales de comunicación en caso de crisis.
- Ayudar a la comunidad a hacer preparativos espirituales para las dificultades.

Secciones de la Lección 11	Subdivisiones
1. Historia *(15 min)*	**TG:** Lea la historia *(5 min)*
	PG: Preguntas para el diálogo:
	1. ¿Está bien prepararse para algún problema futuro? ¿Puede pensar en algún pasaje bíblico que diga que debemos hacer esto?
	2. ¿Qué problemas pueden presentarse en su región para los cuales necesitan estar preparados? *(5 min)*
	TG: Comentarios *(5 min)*
2. ¿Por qué nos preparamos para el futuro? *(10 min)*	**TG:** Comentarios e información complementaria de la sección 2 *(10 min)*

Secciones de la Lección 11	Subdivisiones
3. Preparativos prácticos *(20 min)*	**PG:** Diálogo: Imaginen la siguiente situación: Usted y su familia reciben la noticia de que en menos de treinta minutos deben abandonar la casa y huir. Pueden llevarse solo lo indispensable. Hagan una lista de los artículos más importantes que van a llevar y compártanla con todo el grupo. Añadan todo lo que no se ha mencionado. *Adapte la pregunta a las circunstancias, por ejemplo: «huir a la selva». Mantenga la idea de tener que escapar sin previo aviso, llevando solo lo que se pueda cargar. (8 min)* **TG:** Comentarios: Pídale a cada grupo que mencione un aspecto que aún no se haya dicho. Anótelo en la pizarra, coloque entre paréntesis los aspectos menos importantes. Hable sobre qué necesita preparar la iglesia (por ejemplo, documentos importantes, entre otros.). Hable sobre cómo y dónde esconder las cosas. *(12 min)*
4. Comunicación cuando surgen problemas *(20 min)*	**PG:** Preguntas para el diálogo: ¿Tiene su comunidad un plan en caso de que soldados enemigos se acerquen al pueblo o si ocurre un desastre natural? Si lo tiene, explíquelo. Si no, ¿quién debería participar para hablar de estos planes? Adapte esta pregunta a la situación (ataque terrorista, abuso doméstico, diferentes tipos de desastre, por mencionar algunas). *(8 min)* **TG:** Comentarios e información complementaria de las secciones A, B y C *(12 min)*
5. Preparación espirituales *(25 min)*	**PG:** Dé a los pequeños grupos uno de los escenarios (de la A a la D) para encontrar referencias bíblicas. Si es apropiado, también utilice temas de la sección E. *(12 min)* **TG:** Comentarios: Que cada grupo comparta lo que ha aprendido *(13 min)*
6. Puntos generales *(5 min)*	**TG:** Léalos en voz alta *(5 min)*

Consejos prácticos

1. Los problemas inesperados ocurren en cualquier momento y lugar. Por esta razón, en la medida de lo posible, incluya esta lección.

2. Si hay tiempo, hable sobre el uso de plantas locales para tratar enfermedades en contextos donde, en tiempos de crisis, no hay medicamentos farmacéuticos disponibles.

LECCIÓN 11A: AYUDA INMEDIATA DESPUÉS DE UN DESASTRE

Objetivos de aprendizaje

Al final de esta lección, el participante deberá ser capaz de:

- Trabajar en colaboración con otras personas para organizar respuestas inmediatamente después de un desastre.
- Preparar materiales de programa o radio que puedan ayudar.
- Repasar los ejercicios de escucha con los facilitadores.
- Organizar sesiones de escucha con las víctimas, inmediatamente después de un desastre.
- Organizar con las víctimas grupos para sanar, para cuidado a largo plazo.

Secciones de la Lección 11A	Subdivisiones
1. Historia *(15 min)*	**TG:** Lea la historia *(5 min)*
	PG: Preguntas para el diálogo:
	1. Haga una lista de las cosas que Villa María necesitaba, en orden de prioridad.
	2. ¿Qué tipos de emergencias pueden ocurrir en su área? *(5 min)*
	TG: Compartir *(5 min)*
2. Coordinar después del desastre	**TG:** Compartir e información complementaria. Si tiene una tarjeta postal o un volante, distribúyalos en el grupo. *(7 min)*
	PG: Imagine que un desastre acaba de ocurrir en su región. Ahora:
	1. Haga una lista de los colaboradores con los que usted podría trabajar después de un desastre. ¿Cómo puede empezar a construir relaciones para el futuro?
	2. ¿Cuántos facilitadores están capacitados?
	3. ¿Qué tipo de materiales hay disponibles?
	4. ¿Cómo pueden las personas encontrar la ayuda? *(10 min)*
	TG: Comentarios *(8 min)*

Secciones de la Lección 11A	Subdivisiones
3. Reunirse en un solo grupo *(7 min)*	**TG: 3A** Comentarios e información complementaria. Presente, desde el frente, la información de las secciones 3B y 3C *(7 min)*
4. Escuche a las personas individualmente *(5 min)*	**TG:** Obtenga las tres respuestas de los facilitadores. Agregue las preguntas adicionales.
5. Cuidado continuo *(3 min)*	**TG:** Presente la información
Actividad de clausura *(35 min)*	**TG:** Imagine que un desastre acaba de ocurrir en su área, haga un juego de rol sobre «la escucha» después de un desastre. Procure repasar los puntos de la lección. Compartan. *(15 min)*
	De a 2: Que los participantes practiquen el ejercicio de escucha entre ellos, rotar a los 7 minutos para que los dos puedan participar. *(15 min)*
	TG: Dialogue sobre el ejercicio de escucha. *(5 min)*
Opciones	**TG:** Practique alguno de los ejercicios de relajación. El ejercicio de respiración (Lección 2), el ejercicio del contenedor (Lección 7) o el ejercicio del árbol (Lección 7).

CEREMONIA DEL PERDÓN

Esta ceremonia debe ser la última sesión de un grupo para sanar o de una sesión de capacitación avanzada.

Objetivos de aprendizaje:

- Dar a los participantes una oportunidad para identificar las amarguras que ellos están cargando y traerlas a la cruz.
- Dar a los participantes una oportunidad para confesar los pecados, en especial cuando han herido a alguien, y pedirle perdón a Dios.
- Dar a los participantes una oportunidad para identificar las heridas que llevan en sus corazones, y traerlas a la cruz para ser sanadas.
- Dar a los grupos y a los individuos una oportunidad para que se perdonen mutuamente.

Sesiones de información

Para establecer el programa «Sanar las heridas del corazón», se debe reunir a los líderes principales para una sesión breve. En esta sesión, los líderes son expuestos al programa del tratamiento del trauma de tal manera que ellos puedan decidir si quieren integrarlo a su ministerio. Esta sesión es solo una «degustación» para abrir el apetito, no es la cena completa.

Este material puede adaptarse a las circunstancias particulares. Se pueden encontrar otros materiales disponibles en el sitio web (responsabilidades, diapositivas, entre otros).

¿CÓMO PREPARARSE PARA LIDERAR UNA SESIÓN DE INFORMACIÓN?

1. *¿Por qué convocar a una sesión de información?* El éxito del programa «Sanar las heridas del corazón» depende del apoyo de los líderes principales de las iglesias, sin el cual los facilitadores no tendrían un entorno positivo para llevar a cabo su ministerio. Muchas veces, los líderes principales no disponen del tiempo suficiente para ser entrenados como facilitadores o ser capacitadores de otros; además, prefieren tomar decisiones en conjunto con otros compañeros en el ministerio. Cuando un grupo interconfesional de líderes se reúne y decide integrar el tratamiento del trauma en su ministerio, se cimienta una base sólida para establecer el programa «Sanar las heridas del corazón».

2. *¿Quiénes deben ser convocados?* Los líderes principales de las iglesias, gobiernos y organizaciones que trabajan con personas que han sido expuestas a situaciones de trauma. Dentro de lo posible, se debe procurar que todas las denominaciones o iglesias sean convocadas para que el programa no sea la marca de una denominación específica.

3. *¿Cuándo y por cuánto tiempo?* Cada contexto es diferente. Una sesión de información puede durar un día, medio día o unas cuantas horas.

4. *¿Qué se busca?* Que los líderes, que desean incluir este programa dentro de su ministerio, seleccionen a personas de su iglesia o su comunidad para ser capacitadas como facilitadores del tratamiento del trauma. Procure planificar con anticipación una sesión de capacitación inicial más o menos tres meses después de la sesión de información para que el interés obtenido pueda materializarse en acciones y no desaparezca.

5. *¿Dónde debe ser convocada la sesión?* La sesión de información debe llevarse a cabo allí donde existe la necesidad de que las iglesias y las organizaciones se movilicen para apoyar un programa de tratamiento del trauma. Puede ser a

nivel internacional, nacional, regional o municipal. Estos niveles a menudo coinciden: líderes internacionales y nacionales deciden lo que pasará a nivel local; pero también es importante que los líderes locales estén convencidos.

La sesión de información puede realizarse en iglesias, hoteles u otros lugares. El lugar debe ser apropiado para todos los invitados. En algunos casos, miembros de una iglesia no se sienten cómodos atendiendo a una reunión en otra iglesia.

6. *¿Quién convoca a la sesión de información?* Las sesiones de información necesitan un anfitrión y un líder de la sesión (normalmente un facilitador de capacitaciones o un maestro facilitador). En algunas situaciones la misma persona o grupo pueden desempeñar los dos roles.

RESPONSABILIDADES DEL ANFITRIÓN

Antes del evento

1. *Establecer la fecha y reservar el salón para la reunión:* Identifique los cuatro o cinco líderes principales de las iglesias u organizaciones que deben participar en el programa «Sanar las heridas del corazón» y proponga un par de fechas para la sesión de información. Seleccione la fecha que más convenga para la mayoría de líderes principales.

2. *Invitar a los participantes:* Prepare un volante que contenga la información sobre el evento: objetivos, fecha, lugar, costo e información del contacto para las inscripciones (hay ejemplos disponibles en el sitio web). Invite a los líderes adecuados. Un buen número de participantes es alrededor de 40 personas.

3. *Establecer un horario:* En conjunto con el facilitador, acuerde una hora para empezar y para terminar la sesión. Además, determine el tiempo para los recesos y el almuerzo. Normalmente la sesión empieza a las 9:00 a.m. y termina a las 5:00 p.m. Si desea, puede empezar el día con un breve devocional. Véase en la página 70 un modelo de la sesión de un día.

4. *Prepare los materiales:*

   - Ejemplares de *Sanar las heridas del corazón* o extractos del libro (si es posible, una copia para cada participante; las versiones digitales de los extractos pueden descargarse del sitio web). También pueden venderse libros en otros idiomas durante el evento.

   - Volantes (descargar en el sitio web o solicitarlos al Instituto *Trauma Healing*).

   - Lista de inscripción de los participantes.

- Un mapa sencillo de los lugares donde se pueda establecer el tratamiento del trauma, que contenga información sobre las ciudades principales y los ríos. Haga fotocopias o tenga a la mano una versión grande para que todos puedan verlo.
- Diapositivas con la presentación del tratamiento del trauma (opcional).
- Formularios de respuesta de las organizaciones (una por participante).

5. *Determinar el idioma:* Elija el idioma apropiado para la reunión. Si lo necesita, traduzca los materiales y pida que alguien los revise para asegurarse de que comunican la información del programa con claridad.

6. *Prepare un presupuesto:* Vea el gráfico a continuación con algunas categorías que deben ser tomadas en cuenta.

Concepto	Precio por unidad	Número de artículos	Total
Comida (receso y almuerzo)			
Materiales			
Salón de reunión			
Alojamiento, alimentación y transporte de invitados especiales			
Trasporte local			
Viaje del facilitador (y visa)			
Costo de preparativos (llamadas, transporte local, invitaciones, etc.)			
Administración			
Total			

7. *Confirmar la asistencia:* Haga seguimiento para confirmar la asistencia de los participantes, por ejemplo, a través de una llamada.

Durante el evento

1. Dar la bienvenida a los participantes.

2. Asegurarse de que todo marche según lo planeado y estar disponible para solucionar imprevistos.

3. Estar presente para entender el programa del tratamiento del trauma.

4. Ayudar al facilitador a recibir los comentarios de los diálogos de pequeños grupos y responder a sus preguntas. Ayudar al grupo a ponerse de acuerdo sobre el primer lugar donde el programa debe ser establecido.

5. Clausurar la reunión con una oración

Después del evento

1. Acordar con los participantes para programar una sesión de capacitación inicial, preferiblemente dentro de los tres meses siguientes.

2. Ayudar con el planeamiento de la sesión de capacitación inicial. Véase la página 76.

RESPONSABILIDADES DEL LÍDER DE LA SESIÓN

- Acordar el horario con el anfitrión: comida, recesos, tiempo de comienzo y clausura.

- Asegurarse de que la organización anfitriona tiene todos los materiales en el idioma apropiado.

- Confirmar los presentadores adicionales (si se necesitan).

- Colaborar con el anfitrión en el envío de las invitaciones.

- Enviar el informe de la sesión de información.

HORARIO PARA SESIONES DE INFORMACIÓN

Si se cuenta con un día para la sesión de información, estas ideas pueden ayudar a aprovechar mejor el tiempo.

Horario sugerido

9:00	*Bienvenida y visión general del día*
9:30	*Sesión 1: Si Dios nos ama, ¿por qué sufrimos?*
	¿Cómo se pueden sanar las heridas de nuestro corazón?
11:00	*Receso*
11:30	*Sesión 2: El proceso del duelo*
1:00	*Almuerzo*
2:00	*Sesión 3: Visión general del programa «Sanar las heridas del corazón»*
	Presentación de los programas: basado en historias y para niños
3:30	*Sesión 4: Determinar si el programa es necesario y qué se debe hacer*
5:00	*Fin de la sesión*

Programa detallado

BIENVENIDA *(30 min)*

Tema	Contenido, grupo, materiales
Bienvenida e intro-ducción	Bienvenida *(25 min)* Use los «Puntos principales para la sesión de información» que se encuentran a continuación. Se puede contextualizar. *(5 min)*

1. TEOLOGÍA DEL SUFRIMIENTO Y TRATAMIENTO DEL TRAUMA *(90 min)*

Tema	Contenido, grupo, materiales
Lección 1, sección 1: Historia *(15 min)*	**PG:** Diálogo a la pregunta: ¿Qué siente el pastor sobre Dios? ¿Por qué cree usted que él se siente así? ¿Alguna vez se ha sentido como el pastor? *(5 min)* **TG:** Comentarios. *(10 min)*
Lección 1, sección 2 *(opcional)*: Al sufrir, ¿qué necesitamos recordar en cuanto al carácter de Dios? *(30 min)*	**PG:** Introducción: Cuando sufrimos, tratamos de encontrarle sentido a nuestra vida. Las creencias culturales vienen a nuestra mente cada vez que la fe se pone a prueba. En nuestras tradiciones culturales, ¿qué piensan las personas acerca de Dios cuando se encuentran en tiempos difíciles? *(7 min)* **TG:** Comentarios. *(7 min)* **TG:** Reparta hojas de papel con los versículos de la sección 2 en ellas (Romanos 8:35–39; Salmos 34:18; Mateo 9:35–36; 2 Pedro 3:9; Génesis 6:5–6; 1 Juan 4:9–10). Estos deben ser leídos en voz alta. Discuta en el grupo qué dicen estos pasajes sobre cómo es Dios. *(15 min)*
Lección 1, sección 3: ¿Cuál es el origen del sufrimiento en el mundo? *(10 min)*	**PG:** Diálogo **TG:** Comentarios (tres elementos); y complemente con el contenido importante del libro. *(10 min)*

Tema	Contenido, grupo, materiales
Lección 2, sección 2: ¿Qué es una herida del corazón? *(15 min)*	**TG:** Podemos hablar del trauma como una herida en el corazón. ¿Qué diferencias y similitudes puede encontrar entre una herida física y una herida del corazón? Dibuje el gráfico de la lección 2, sección 2 en un hoja grande de papel; escriba la columna izquierda con anterioridad y con ayuda del grupo llene la derecha. *(15 min)*
Lección 2, sección 4: ¿Cómo podemos ayudar a alguien a sanar las heridas del corazón? *(20 min)*	**TG:** Nosotros ayudamos a alguien a sanar sus heridas cuando lo escuchamos, sin dar sermones o consejos. *(3 min)* **De a 2:** Use las tres preguntas de la lección 2, sección 4C: ¿Qué sucedió? ¿Cómo se sintió? ¿Qué fue lo más difícil para usted? Que una persona comparta un ejemplo menor de una experiencia difícil mientras la otra escucha. Cambie de rol después de 7 minutos. *(15 min)* **TG:** ¿Qué fue bueno? ¿Qué fue difícil? *(3 min)*

2. ¿QUÉ SUCEDE CUANDO ALGUIEN SUFRE UNA PÉRDIDA? *(90 min)*

Tema	Contenido, grupo, materiales
Lección 3, sección 3: ¿Cómo podemos procesar el duelo de manera que sanemos? *(50 min)*	**TG:** Haga el ejercicio «El camino del duelo» *(25 min)* **De a 2:** Piense en una pérdida que haya sufrido, ¿sintió algunas de esas emociones? ¿Piensa que se quedó estancado en algún punto del camino? ¿Piensa que tomó el puente falso? Oren el uno por el otro. *(20 min)* **TG:** Termine con una canción u oración. *(5 min)*
Preguntas y repuestas/compartir *(40 min)*	**TG:** Dedique tiempo para compartir y hacer preguntas.

3. PROCESOS Y OPCIONES *(90 min)*

Tema	Contenido, grupo, materiales
Visión general y proceso del programa «Sanar las heridas del corazón» *(20 min)*	Presentación y visión general del programa «Sanar las heridas del corazón». Se puede usar diapositivas, el volante de las generalidades (disponibles en el sitio web) o la información en la introducción de este manual.

Tema	Contenido, grupo, materiales
(opcional) Experiencia del programa para niños	**TG:** Vea los ejemplos de los ejercicios de los niños dados a continuación. Se necesita tocar una canción que se pueda empezar y parar fácilmente. Puede ser desde un computador. *(10 min)*
Presentación general del programa para niños *(15 min)*	Vea el volante de los niños (puede descargarse en el sitio web) para tener una visión general del programa. Si es posible, tenga fotocopias con ejemplos del *Club sanar corazones. (5 min)*
(opcional) Experiencia del programa basado en historias	**TG:** Cuente la historia del pastor sobrecargado (Lección 7 de *Sanar las heridas del corazón*) y dialogue sobre ella. Indique que en el programa basado en historias esta historia está seguida por la historia de Moisés y Jetró. *(20 min)*
Presentación general del programa basado en historias *(25 min)*	Dé una presentación general del programa basado en historias utilizando el volante. Dentro de lo posible muestre un ejemplar de los materiales (disponibles en el sitio web). *(5 min)*
Preguntas y respuestas *(opcional) (30 min)*	Responda las preguntas. Distribuya extractos de *Sanar las heridas del corazón* y de otros materiales apropiados (disponibles en el sitio web).

4. DETERMINAR SI HAY NECESIDADES Y CÓMO RESPONDER A ELLA *(90 min)*

Tema	Contenido, grupo, materiales
Determinar la necesidad del programa «Sanar las heridas del corazón» en la región	**PG:** Dé a cada grupo un ejemplar del mapa del área (con las principales ciudades y los ríos). Úselo para presentar las áreas que están experimentando traumas fuertes. • Para cada área, indique la causa del trauma: violencia, abuso sexual, desastre natural, accidentes, entre otras. *(20 min)* • Para cada área, indique quiénes son los más afectados: todos, los hombres, las mujeres, los adolescentes, los niños. • Identifique las organizaciones y las iglesias que ya están ayudando en el área a personas traumatizadas. *(20 min)*

Tema	Contenido, grupo, materiales
	TG: Que cada grupo tenga una persona que exponga el mapa y lo explique. El objetivo es comparar y priorizar las áreas donde hay más necesidad del programa. (Después de la sesión de información, se seleccionan personas para ser capacitadas como facilitadores en estos lugares). Tome fotos de los mapas o recójalos. *(20 min)*
Invitar a un compromiso organizacional	Divida el grupo por organizaciones. Distribuya una copia de los formularios de respuesta organizacional (página 127) a cada grupo para discutir y llenar. Recoja los formularios. *(15 min)*
	TG: Dialogue sobre el paso a seguir. Esta es la parte más importante del día, por lo tanto tómese todo el tiempo necesario. *(20 min)*
Oración de clausura	

PUNTOS PRINCIPALES PARA LA SESIÓN DE INFORMACIÓN

En el momento de la bienvenida

¿Por qué debemos tomarnos este tiempo para hablar del trauma?

- Lea noticias del periódico o la televisión. El trauma está en todos lados. Mencione algunas de las noticias sobre varias clases de trauma: guerras políticas, conflictos étnicos, desastres naturales, abusos sexuales, entre muchas otras.

- «El trauma es el territorio de misión más grande de nuestro tiempo». Dra. Diane Langberg, codirectora de concejo asesor del Instituto *Trauma Healing.*

- El trauma puede crear una barrera que impide que las personas interactúen con la Palabra de Dios. Los corazones están endurecidos por la ira y el resentimiento, y las semillas caen en terreno difícil donde no puede echar raíces. Las personas leen la Biblia, pero el mensaje no llega a sus corazones.

PROFESIONALES DE LA SALUD MENTAL

FACILITADORES DEL TRATAMIENTO DEL TRAUMA

- El programa «Sanar las heridas del corazón» está diseñado para capacitar a los líderes de las iglesias con principios básicos de Biblia y salud mental para que puedan ser capaces de enfrentar su propio dolor y el de los demás.

- Una vez capacitados y certificados, los facilitadores de tratamiento del trauma pueden proveer cuidado básico del trauma. Los facilitadores consultan a personas con más preparación en salud mental para los casos más difíciles. De ser necesario, el Instituto *Trauma Healing* puede ayudar a establecer estas relaciones.

- El tratamiento del trauma empezó en el 2001 como respuesta a las necesidades de los líderes de iglesias de zonas de conflicto en África. Hoy en día se ha esparcido por todos los continentes y se ha traducido a un gran número de idiomas (véase en la base de datos una lista detallada de los idiomas).

- Isaías 61:1–4 y Lucas 4:18ss: Nosotros le damos cumplimiento al evangelio de Jesucristo: liberando cautivos.

- Hoy van a recibir una «degustación» del programa del tratamiento del trauma para que ustedes decidan si esto es algo que podría ayudarlos en su ministerio.

Actividad sobre el programa para niños (opcional)

Los niños necesitan historias, juegos y actividades que les ayuden a sanar las heridas de su corazón. Juntos, experimentaremos una actividad que ayuda a los niños a reconocer e identificar las diferentes emociones.

Explique que va a poner música y que cuando pare la canción, usted dirá en voz alta el nombre de un sentimiento (ira, tristeza, confusión, rabia, felicidad, etc.). Todos deben quedarse como estatuas representando ese sentimiento. Busque a alguien que lo haya hecho bien y que sirva de ejemplo y señálelo al grupo. Haga este ejercicio con cuatro o cinco sentimientos. (Elija una persona diferente cada vez).

Actividad sobre el programa basado en historias (opcional)

Cuente la historia del pastor sobrecargado de la lección 7 y formule las siguientes preguntas:

1. A su modo de ver, ¿por qué el pastor tiene todos estos problemas?
2. ¿De qué manera su familia se ve afectada por la situación?
3. Cuando las personas están sobrecargadas, ¿cómo actúan?
4. ¿Por qué cree que el pastor no se está cuidando a sí mismo?
5. ¿Se ha sentido sobrecargado? ¿Cómo se sintió?

Sesiones de capacitación inicial

En las sesiones de capacitación inicial, el contenido del programa de «Sanar las heridas del corazón» es presentado a los participantes, esto se hace de un modo vivencial y participativo, preparándolos para ayudar de esta forma a otras personas.

EL PERSONAL

Para organizar una sesión de capacitación inicial se necesita trabajar en equipo. Entre más preparación haya, más se podrán concentrar los participantes en la experiencia de sanar sus heridas. Parte de esa experiencia es el compartir historias personales. Se debe preparar un lugar seguro y de confianza, no se debe permitir que, una vez haya comenzado el grupo, entren a él personas extrañas. Invitados pueden asistir, sin embargo, a la ceremonia de clausura.

El anfitrión

La organización anfitriona debe asignar a una o más personas para dar apoyo administrativo a la sesión, las cuales trabajarán en colaboración con el facilitador principal. Ellos deben tener una copia de al menos esta sección del manual, para que puedan prepararse con anterioridad.

Los participantes

El grupo deberá tener entre 15 y 35 participantes, con las siguientes características:

- Dominar el idioma de enseñanza de las sesiones de capacitación.
- Poder asistir a todas las sesiones.
- Tener al menos 18 años de edad.
- Comprometerse a ayudar a los sobrevivientes de trauma.
- Ocupar una posición social que le permita enseñar a otros en la comunidad.

Cuando los participantes lideran sesiones de tratamiento del trauma en sus comunidades, necesitan trabajar en equipo, por lo que es conveniente que se capaciten juntos. Un equipo deberá estar conformado por:

- Todas las iglesias del área donde se realizará el programa.
- Personas de ambos sexos

El equipo de trabajo

Los roles principales están marcados con un asterisco (*)

1. *Facilitador principal.
2. *Facilitadores auxiliares: Por lo menos uno, esta es una buena oportunidad para entrenar a otros asignándoles responsabilidades en una sesión.

3. Facilitadores de pequeños grupos: Es conveniente tener uno para cada grupo pequeño. Si no fuera posible, se debe nombrar a un participante de cada grupo que parezca más capacitado.

4. Persona encargada de las comunicaciones: Se necesita a alguien que tome fotos y videos, haga entrevistas y obtenga historias. ¡Recuerde tomar una foto del grupo!

5. Líder de canto: Cada grupo tiene personas con este don.

Debe haber representación de ambos sexos. Es posible que una persona desempeñe más de una función.

RESPONSABILIDADES

Responsabilidades del anfitrión

A. Preparación de la sesión de capacitación

1. **Presupuesto:** En colaboración con el facilitador principal, prepare el presupuesto para todo el proceso de capacitación, tanto de las sesiones iniciales como de las avanzadas. Observe en el siguiente gráfico algunas categorías que deben tomarse en cuenta (hay una planilla disponible en el sitio web).

Concepto	Precio por unidad	Número de artículos	Total
Alojamiento y alimentación			
Materiales: *Sanar las heridas del corazón*, libro de recursos bíblicos, etc.			
Salón de reunión			
Viaje de los participantes			
Viaje del facilitador (y visa)			
Transporte local			
Financiamiento del ministerio para los participantes (si se necesita)			
Administración			
Fondo de imprevistos			
Total de la sesión inicial			
El mismo total para la sesión avanzada			
Total para la capacitación del grupo			

2. **Instalaciones:** Identifique un lugar económico para alojar al grupo y reserve las fechas con buena anticipación. Es necesario que las instalaciones ofrezcan comida, un salón grande para reuniones, así como salas para encuentros pequeños y, de ser posible, Internet. Si la sesión es toda residencial, las instalaciones deben proveer todo, incluyendo alojamiento y alimentación; si la sesión no es residencial, recomiende otros hoteles en el área.

   Procure que todos los participantes sean tratados con respeto y cuidado durante el evento. Ponga especial atención a las restricciones dietéticas.

3. **Invitaciones:** Prepare un volante con la información básica, incluyendo las fechas, los objetivos, las personas que deben participar, el lugar, el idioma, el equipo de trabajo, los patrocinadores, el precio de la inscripción y lo que esté incluido, la información de pago y alojamiento y el formulario de inscripción (pueden descargarse modelos del volante en el sitio web). Registre el evento en la página web del Instituto *Trauma Healing*. Lograr que vengan las personas adecuadas es una de las tareas más importantes, e implica esfuerzo. De ser necesario, envíe cartas de invitación oficial para la solicitud de las visas. Si las personas que se quieren registrar son más de las que usted puede acomodar, empiece una lista de espera. *Contacte a las personas a través de correo electrónico o por teléfono algunos días antes del evento para recordarles las fechas y los horarios.*

4. **Información de los participantes y la hoja de cálculo:** Véase la página 134 para un modelo de formulario de información para participantes. Esta información es muy importante. Haga que los participantes llenen la hoja de información cuando se inscriban e ingrese esos datos a la hoja de información de los participantes (disponible en el sitio web). Si la inscripción es online, algunos programas ofrecen esta información automáticamente. Si la inscripción no es online, obtenga la información de los participantes a través de correo electrónico o un formulario e introduzca la información en la hoja de cálculo de los participantes. Si no hay manera de obtener esta información anticipadamente, debe obtenerse cuando las personas lleguen, llenando la hoja de cálculo tan pronto como sea posible.

   El equipo de trabajo necesitará ver la lista de participantes con regularidad para tenerla en cuenta al momento de preparar los horarios y los tiempos de discusión, y además orar por los participantes y practicar sus nombres. Durante la sesión, el equipo de trabajo debe mantener una lista maestra con la información de los participantes. El anfitrión mantiene por separado otra hoja con la información de alojamiento, comida y pagos.

5. **Trasporte:** Coordine con los participantes y con el equipo de trabajo para organizar el transporte (conozca los tiempos/vuelos de llegada y de partida).

6. **Materiales:** Trabaje con el Instituto *Trauma Healing* para preparar todos los materiales necesarios (los más importantes se marcan con un asterisco*):

- *Libros *Sanar las heridas del corazón* en los idiomas apropiados, una copia por participante y otras adicionales para la venta.
- *Programa clásico, manual inicial del facilitador.*
- *Libro de recursos bíblicos.*
- *Planilla de informe del grupo para sanar.
- Planilla para la autorización de difusión.
- Etiquetas con el nombre: **Escriba los nombres en letras grandes para que sean vistos con facilidad.**
- *Un cuaderno de cien páginas para cada participante.
- *Un lapicero por participante.
- Una carpeta para cada participante o algo para guardar los documentos.
- Hojas grandes de papel y marcadores.
- Una resma de papel.
- Cinta adhesiva protectora.
- Engrapadora.
- Tijeras.
- Medicamentos, de ser necesario.
- *Una cruz de madera grande, en lo posible conseguir martillo y clavos.
- Una soga o cuerda (Lección 9) de al menos dos metros
- *Formulario de información de los participantes (página 134), si no fue parte de la inscripción.
- Hojas más gruesas para los certificados de participación (una por participante, y otras adicionales por si hay errores).
- Pañuelos o toallitas faciales.
- Hojas con letras de las canciones, libros de cantos, o diapositivas.
- Una campana (para indicar el final de una actividad).
- Crayones y marcadores para cada mesa para la expresión artística (3 por persona).
- Ejemplares de los volantes del programa (disponibles en el sitio web).

El líder del taller dará documentos adicionales para fotocopiar durante el evento. Procure tener una fotocopiadora a disposición.

B. Durante la sesión de capacitación

1. **Recepción en el aeropuerto y logística en las instalaciones:** Organice el traslado local hasta las instalaciones después de que lleguen los participantes. Junto con el líder de la sesión, asegúrese de que las necesidades de los participantes se satisfagan durante la sesión.

2. **Bienvenida y ceremonia de clausura:** Organice la sesión de apertura con la persona apropiada, debe ser breve. Para la ceremonia de clausura, si es apropiado, se pueden invitar a otras personas para que asistan y escuchen lo que

aprendieron los participantes. Esto puede ayudar a difundir de buena manera información sobre el programa.

3. **Presupuesto:** Prepare una lista detallada de todos los gastos, reúna los recibos de todos los egresos, pague todas las cuentas y preséntele el informe financiero a la persona responsable.

Responsabilidades del facilitador principal

1. **Presentación de grupos:** Coordine con el anfitrión un folleto de bienvenida. Envíe un anuncio de bienvenida a los participantes. Monitoree la lista de participantes. Una vez la sesión haya iniciado, encárguese de la hoja de información de participantes.

    Si hay participantes que el líder o el anfitrión no conocen todavía, se debe contactar a la organización o iglesia a la que pertenecen para tener la seguridad de que son personas recomendadas para el tratamiento de traumas.

2. **Horarios:** Los modelos de los horarios pueden descargarse en formato *Microsoft Word* del sitio web del Instituto *Trauma Healing*. En colaboración con el anfitrión y el equipo de trabajo, se debe adecuar el horario a las necesidades locales: horas del inicio, del final, del receso, y de las comidas, así como también, las lecciones que van a presentarse. Puede incluirse el logo de la organización anfitriona. Suele pasar que el equipo de trabajo finaliza el horario momentos antes de que empiece la sesión.

    Asigne a cada facilitador las lecciones que presentarán, al menos para el primer día. Procure que los mejores facilitadores presenten las lecciones junto a los más nuevos. Prepare e imprima dos horarios, uno para el equipo de trabajo con más detalles, y otro para los participantes solo con los temas y el horario. A veces es conveniente tener una copia del horario publicado en la pared.

    Ajuste el examen, usando las preguntas de las lecciones seleccionadas e imprima las copias necesarias.

3. **Idioma e intérpretes:** En caso de necesidad, procure que hayan intérpretes disponibles. Si el español no es la lengua materna de los participantes, tome medidas para asegurarse de que ellos entienden lo que se les dice. Para saber si el grupo comprende, no se debe preguntar: «¿entienden?», sino «¿qué entienden?».

    Si los participantes tienen un nivel limitado del español, debe usarse un vocabulario más sencillo. Por ejemplo, en vez de «congruencias», usar «cosas que son lo mismo». Las discusiones en grupos pequeños debe desarrollarse en el idioma preferido de los participantes.

    Puede ser evidente que algunos participantes necesiten de una interpretación simultánea a su idioma. Cuando la sesión sea participativa, dicha interpretación debe hacerse en las dos direcciones, en ambos idiomas. (Tanto lo que usted les dice como lo que ellos le dicen a usted).

La interpretación simultánea puede hacerse desde el frente o mediante equipos de traducción con audífonos. Una desventaja de hacerla desde el frente es que abarcar todo el material toma casi el doble del tiempo. Los audífonos también tienen desventajas: 1) El conferencista necesita recordar que debe hablar lentamente y no tiene forma de saber si el intérprete va a su ritmo; 2) los audífonos que no funcionan bien pueden causar mucho retraso y/o zumbido en los oídos; 3) el sistema es más costoso; 4) también puede perderse mucho tiempo haciéndolos funcionar, especialmente si no hay un técnico presente. Si se usan audífonos, todos los participantes que no hablan los dos idiomas en uso los necesitan.

La interpretación es un don; por lo tanto, deben buscarse personas que lo tengan. Es importante que ellos tengan la información de antemano para que puedan pensar cómo expresar el material en la segunda lengua.

Si es necesario traducir los materiales escritos, debe hacerse con anterioridad. Se necesita de otra persona que entienda el texto original para que corrija la traducción, toda traducción necesita una segunda revisión.

Si existe la oportunidad, anime a los participantes a usar las Escrituras en su lengua materna. Si solo tienen el Nuevo Testamento en su idioma, puede prepararse una rápida traducción de términos claves de los pasajes del Antiguo Testamento. Un consultor bíblico debería revisar las traducciones de las Escrituras.

4. **Materiales y salón de reunión**: asegúrese de que el anfitrión tiene los materiales necesarios.

   Hoja de canciones: Al menos algunas de las canciones deben ser bien conocidas por el grupo. Se debe usar canciones que son comunes y apropiadas para todas las iglesias y las edades de los participantes. Todos deben tener a su disposición las letras de las canciones, incluyendo una canción apropiada para «Lleve su dolor a la cruz». Hay algunos ejemplos disponibles en el sitio web.

   La organización del lugar de la reunión: Para la mayoría de las sesiones, las mesas y sillas se ordenan en forma de espiga, de modo que los participantes puedan compartir las discusiones con todo el grupo y en los grupos pequeños, sin moverse. Los participantes necesitarán más espacio para la actividad de expresión artística y el ejercicio del lamento. Para la actividad titulada «Lleve su dolor a la cruz», las sillas deben organizarse en un círculo grande. Para el ejercicio de la práctica de la facilitación cada grupo necesita su propio espacio.

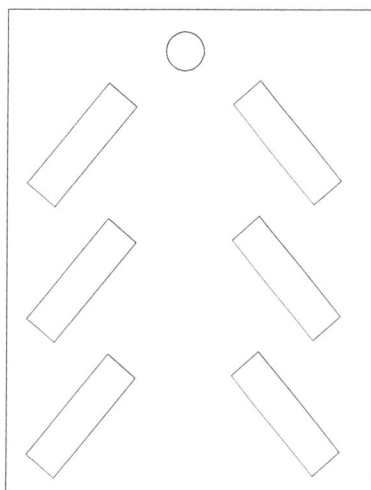

5. **Formación de grupos.** Los participantes se distribuyen en grupos de alrededor seis personas por mesa. Si se dispone de tiempo para compartir en forma personal en las tardes, puede asignarse a los participantes a un grupo diferente. Si es posible, la distribución debe hacerse de antemano para que cada grupo tenga una buena composición de participantes: hombres y mujeres, de diferentes denominaciones, organizaciones o grupos étnicos, entre otras características. La manera de hacerlo es escribir el nombre de los integrantes de un grupo en una hoja de papel y colocarla sobre la mesa antes de empezar la sesión.

   Si no es posible conformar los grupos con antelación, pueden enumerarse a las personas al comienzo de la sesión y dividirlas en grupos de esa manera. Por ejemplo, si hay veinticuatro participantes, cuatro grupos de seis participantes. Se les pide que se enumeren de uno al cuatro, a fin de que todos los participantes con el número «uno» formen un grupo y así sucesivamente.

   Es importante respetar cualquier norma cultural para la interacción social a fin de que todos puedan participar con libertad en su grupo. Normalmente, los matrimonios aportan una experiencia más enriquecedora si los cónyuges están en grupos separados. Algunos ejercicios son más provechosos cuando los grupos están divididos por género (hombres y mujeres por separado) o por grupos étnicos.

   Si los grupos funcionan bien, deben mantenerse así durante la sesión de capacitación, para que sus integrantes puedan establecer buenas relaciones. Sin embargo, si la dinámica de algún grupo es negativa o si los participantes desean conocer al resto de los participantes, deben formarse nuevos grupos para obtener un mejor resultado.

6. **Reuniones del equipo de trabajo** (mínimo de una hora): El equipo de trabajo debe reunirse antes de que la sesión comience para organizar los detalles de los primeros días; y se deben reunir al finalizar cada día para discutir y acomodar el programa a las necesidades específicas.

   La reunión del equipo debe incluir una revisión del día, comentarios para el equipo de trabajo sobre su desempeño, discusión de algún problema que necesite solución, preparación detallada para el siguiente día, y una visión general del resto de la sesión. Las actividades de «Lleve su dolor a la cruz» y la ceremonia de clausura necesitan ser preparadas con tiempo.

   Si las tensiones de los miembros del equipo de trabajo son visibles, pueden tener un impacto negativo en el grupo. Es importante hablar de estas tensiones y solucionarlas si es posible. Trátense los unos a los otros con cuidado y consideración dando ejemplo de un «espacio seguro».

7. **Consejería:** Informe al grupo si hay un consejero profesional presente y disponible para reunirse con ellos. Se deben organizar horarios de reunión después de las sesiones.

8. **Evaluación y comentarios:** Los líderes de la sesión de capacitación evaluarán a los participantes basándose en varios criterios:

   • **Interacción interpersonal y bienestar personal:** Evalúan la capacidad tanto para trabajar en equipo como para relacionarse con otros.

   • **Práctica de facilitación:** En una escala de 1 a 10, siendo diez excelente. Véase la página 20.

   • **Dominio del contenido:** Basado en la calificación del examen final.

   La certificación significa que el equipo de trabajo ve que la persona se desempeñará de una manera competente. Cada persona recibirá uno de los dos certificados (participación o aprendizaje).

   Antes que nada, se debe saber si hay participantes que no quieren continuar en el proceso de capacitación. Los que no desean continuar reciben un certificado de participación.

   En segundo lugar, el equipo de trabajo debe decidir, al final de la sesión, si hay participantes que solo deben recibir un certificado de participación ya que deben trabajar algunos aspectos antes de continuar con el proceso de capacitación. Debe hacerse una reunión con estos participantes para darles comentarios específicos de lo observado y sugerencias para mejorar. Esto debe hacerse con amabilidad y oración. El objetivo es siempre ayudarles a superar dificultades que podría traerles problemas a ellos mismos o a las personas que quieren ayudar.

   Finalmente, los participantes que cumplan con el criterio evaluativo y que continuarán con el proceso, obtienen un certificado de aprendiz de facilitador. Este certificado les servirá de evidencia de que están capacitados para liderar grupos de tratamiento del trauma.

9. **Lista de contactos:** Genere una lista de contactos extrayendo las columnas más importantes de la hoja de información de los participantes. Después de ser impresa durante la sesión, debe confirmarse con los participantes si la información es correcta y si los nombres están como ellos quieren que aparezcan en el certificado (el orden de los nombres, ortografía, títulos, mayúsculas). Corrija antes de hacer copias de la lista de contactos y compártalas con los participantes, asegurándose previamente de que ellos dan autorización para hacerlo.

10. **Certificados:** Antes de las sesiones, el facilitador principal debe descargar los certificados del aprendiz y de participación. (Si no se cuenta con acceso a Internet, a veces es más fácil recibirlos a través de un correo electrónico del mentor o del Instituto *Trauma Healing*. Si usted no tiene una computadora, obtenga un ejemplar en blanco del certificado para fotocopiarlo). Se debe determinar quién firmará el certificado y qué título debe acompañar al nombre.

Para ingresar la información en el certificado, debe usarse el programa *Acrobat* (no el programa *Preview* de *Apple*). Los certificados deben imprimirse en una hoja de papel gruesa, aunque tenga cuidado de no atascar la impresora o la fotocopiadora.

El nombre del participante se ingresa una vez que se haya determinado qué tipo de certificado recibirá. Hay dos opciones:

(1) Se puede escribir el nombre a través de una computadora, lo cual da un aspecto profesional. Para esto se necesita una computadora y una impresora durante la sesión. Se ingresan los nombres de los participantes y se imprimen uno por uno.

(2) Se puede escribir a mano. Para esto, se debe contar con suficientes certificados en blanco que alcancen para todos los participantes.

11. **Mentores:** Asigne un mentor a cada facilitador y haga un registro. Los mentores se mantienen en contacto con los facilitadores, dándoles ánimos y asegurándose de que ellos tienen lo que necesitan para realizar su tarea eficazmente, y, de cuando en vez, también ser facilitador con ellos. Muchas veces el mentor es un miembro del equipo de trabajo que ha ayudado durante la capacitación.

12. **Informes:** Debe llenarse el informe de la sesión de capacitación en la base de datos en línea. Ingrese la información del participante en la hoja de cálculo *Excel,* incluyendo las calificaciones que recibieron durante la práctica de facilitación y el examen final, el tipo de certificado otorgado y comentarios. Adjunte la hoja de cálculo al reporte de la base de datos, y luego ingrese la información de los participantes, uno por uno.

Si no tienen acceso a Internet, pero tiene una computadora, ingrese la información del alumno en la hoja de cálculo de *Excel.* Complete el informe de la sesión en una archivo *Word* y envíeselo a la persona apropiada.

Si es necesario, entrene a una persona de la organización en el proceso de asesoría y envío de informes para que pueda tomar la responsabilidad cuando se haya completado la fase de la capacitación.

Al final de la sesión, proporcione a los participantes la lista de contactos y formularios en blanco de la autorización y del informe de grupos para sanar. Utilice copias digitales o en papel según corresponda.

HORARIOS PARA LAS SESIONES DE CAPACITACIÓN INICIAL

Aunque los horarios ayudan a estructurar una sesión, son solo una guía, no una imposición. El personal necesita reunirse todos los días para monitorear el ritmo del grupo y determinar lo que haga falta. Generalmente, esto no puede saberse con anticipación. Cada grupo es diferente, por lo cual el horario debe adaptarse durante el evento. **El modelo de cinco días es el más recomendable y debe usarse donde sea posible.**

La primera parte de una sesión de capacitación es como un grupo para sanar porque se cubren lecciones de *Sanar las heridas del corazón.* En la segunda parte, los participantes aprenden cómo liderar esos grupos. Estas son las lecciones de logística del programa que se encuentran sombreadas en los horarios. Para más detalles véase la sección de la página 91.

Después de haber participado en los grupos para sanar, las personas pueden decidir convertirse en facilitadores. Ellos pueden, a este punto, asistir a una sesión de capacitación completa, o usted puede preparar una sesión más corta para que ellos repasen el material de *Sanar las heridas del corazón* y complementar con las lecciones de logística del programa.

Los horarios requieren de 90 minutos por sesión, aunque se puede necesitar más tiempo si el grupo es de gran tamaño, si se necesita de un intérprete o si los participantes necesitan más tiempo para entender ciertos conceptos. Si se han presentado conceptos difíciles, se debe terminar el día con algo más ligero,

> Es mejor cubrir bien menos contenido, que cubrir más contenido pobremente.

para que los participantes tengan tiempo de procesar lo aprendido. Normalmente las lecciones 1 y 2 son todo lo que las personas pueden absorber en el primer día. En algunas ocasiones, el tiempo del devocional puede usarse para compartir algo personal en pequeños grupos y se acompaña de un pasaje bíblico.

Contenidos básicos

La sesión de capacitación inicial debe incluir lo siguiente (para un mínimo de 16 horas):

- Bienvenida, introducción y expectativas (45 min)
- Las lecciones principales: 1, 2, 3, 8, 9 (7.5 h)
- El ejercicio de lamento (60 min)
- El ejercicio de escucha (30 min)
- La bendición (45 min)
- Una presentación general del programa: Introducción al manual; etapas del programa; cómo convertirse en un facilitador (45 min)
- Lección sobre el aprendizaje participativo (60 min)
- Ejercicio de la práctica de facilitación (90 min)
- Preparar un plan de acción y presentarlo (90 min)
- Una presentación general del sitio web del Instituto *Trauma Healing* (15)
- Ejercicio de informes (20 min)
- Ceremonia de clausura (30 min)

Si el tiempo lo permite, añada las lecciones opcionales:

- Ejercicio de expresión artística
- L4 Niños
- L5 Abuso sexual
- L6 VIH–SIDA
- L6A Abuso doméstico
- L6B Suicidio
- L6C Adicciones

- L7 Cuidar a los que cuidan
- L10 Conflictos
- L11 Prepararse para las dificultades
- L11A Ayuda después del desastre

Se pueden programar momentos para compartir historias personales en pequeños grupos, ya sea en la tarde, en lugar de los devocionales o en otro momento.

Los facilitadores que solo se prepararon con las lecciones principales, deben tener de alguna manera una experiencia de las otras lecciones; por ejemplo, planifique una segunda parte de la capacitación (en el sitio web, «continuación de la capacitación inicial»), o que ellos hagan parte del equipo de trabajo de una sesión de capacitación (facilitando las lecciones que conocen y aprendiendo las nuevas).

Los modelos de estos horarios y de los exámenes pueden descargarse en el sitio web.

Las cuadrículas sombreadas indican las lecciones de logística (véase la página 91).

Horario de la sesión de capacitación inicial (modelo para 5 días)

	Lunes	Martes	Miércoles	Jueves	Viernes
8:00	Devocional/Anuncios				OraciónSalmo116
8:30	Bienvenida, introduccióny expectativas L1 ¿Por qué sufrimos?	L3 El duelo	L5Elabuso(u otra lección opcional)	L9 Perdón	Devolverydiscutir los exámenes (15 min) L11Prepararse (u otra lección opcional)
10:00	Receso				
10:30	L1(Continuación)	L3 (Cont.)	L6(Elijaunade lasopciones)	L10Conflicto (uotralección opcional)	Ejerciciodelaprácticadefacilitación (85 min) Formulario de comentariosdel participante
12:00	Almuerzo				
2:00	L2Heridasdel corazón	L4Niños(uotra lecciónopcional)	L7Elquecuida	Examen(45min) Manejardinámicasdegrupo	Ejerciciodeinformesysitioweb Plandeacción
3:30	Receso				
4:00	Ejercicio de escucha(30min) Expresiónartística (60 min)	Lecciónopcional	Manualinicial Modelo del programa Serunfacilitador	Lección de aprendizaje participativo Preparar el ejercicio de laprácticade facilitación	Certificados Ceremoniade clausura
5:30	Fin del día / Reunión del equipo de trabajo				
6:30	Cena				
7:30	L8Doloralacruz				
9:00	Fin del día				

Horario de la sesión de capacitación inicial (modelo para 4 días)

	Martes	Miércoles	Jueves	Viernes
8:30	Devocional/Anuncios			Oración:Salmo116
9:00	Bienvenidajntroducción y expectativas L1¿Porqué sufrimos?	L3 El duelo	Lección opcional	Devolverydiscutir los exámenes(15min) L9 Perdón
10:30	Receso			
11:00	L1(Continuación)	L3(Cont.)(30min) Ejercicio de lamentos (60 min)	Lección opcional	Ejercicio de la práctica de facilitación Formulario de comentarios del participante
12:30	Almuerzo			
1:30	L2 Heridas del corazón	Lección opcional	Examen (45 min) Manual inicial Modelo del programa	Ejercicio de informes y sitio web Plan de acción Certificados Terminar a las 4:00
3:00	Receso			
3:15	Ejercicio de escucha (30 min) Expresión artística (60 min)	Lección opcional	Ser un facilitador Lección de aprendizaje participativo Preparar el ejercicio de la práctica de facilitación	
5:00	Fin del día / staff meeting			
5:30	Cena			
6:15	L8 Dolor a la cruz			
7:45	Fin del día			

Horario de la sesión de capacitación inicial (modelo para 2 días y medio)

Incluye las lecciones principales más una lección opcional.

	Lunes	Martes	Miércoles
8:45	Oración y Bienvenida	Devocional / Anuncios	
9:00	Introducción y expectativas L1 ¿Por qué sufrimos?	L3 El duelo	Devolver y discutir los exámenes (15 min) L9 Perdón
10:30		Receso	
11:00	L1 (Continuación)	L3 (Cont.) (30 min) Ejercicio de lamentos (60 min)	Ejercicio de la práctica de facilitación Formulario de comentarios del participante
12:30		Almuerzo	
1:15	L2 Heridas del corazón	Lección opcional	Ejercicio de informes y sitio web Plan de acción Certificados Terminar a las 3:00
2:45		Receso	
3:15	Ejercicio de escucha (30 min) Manual inicial Modelo del programa Ser un facilitador	Examen (45 min) Lección de aprendizaje participativo Preparar el ejercicio de práctica de facilitación	
5:00	Fin del día / staff meeting		
5:30	Cena		
6:00	L8 Dolor a la cruz		
7:30	Fin del día		

Horario de la sesión de capacitación inicial (modelo para fin de semana)

Incluye solo las lecciones principales.

	Viernes	Sábado	Domingo
9:00		L3 El duelo	
10:30		Receso	
11:00		L3(Continuación)(30min) Ejerciciodelamentos(60min)	
12:30	Bienvenida,almuerzo,Introducción y expectativas	Almuerzo	Almuerzo
1:30	L1¿Porquésufrimos?	1:30 Examen (45 min) Manual inicial Modelo del programa Serunfacilitador(45min)	1:15Devolverydiscutirlos exámenes (15 min) L9 Perdón
3:30	Receso	3:00 Receso	3:00 Receso
4:00	L2Heridasdelcorazón	3:30Leccióndeaprendizaje participativo Prepararelejerciciode prácticadefacilitación	3:15Ejerciciodelaprácticade facilitación Formulariodecomentarios del participante
5:30	Cena	4:30 Receso	4:45 Receso
	6:30Ejerciciodeescucha (30 min) Ejerciciodeexpresiónartística	5:00 L8 Dolor a la cruz	5:00Ejerciciodeinformes Sitio web Plan de acción Certificados
8:30	Fin del día	6:30 Fin del día	7:00 Fin del día

Opciones

- Hacer las reuniones del domingo en las horas de la mañana
- En vez de reuniones el viernes después del mediodía, reunirse el jueves y viernes en la tarde, con cena a las 5:30, y sesiones de 6:15 hasta las 9:00. Dé la bienvenida y L1 jueves. El viernes, haga la L2, la dramatización y el ejercicio de la escucha.

LECCIONES DE LOGÍSTICA

Para liderar una sesión de capacitación, los facilitadores necesitan abarcar algunos temas prácticos además de las lecciones de *Sanando las heridas del corazón*.

A. La sección de bienvenida

Véase la información de la sección de bienvenida (desde la página 21).

1. «Dinámicas de conocimiento».

2. Temas para dar una visión general

   - «Sanando las heridas del corazón» está diseñado para ayudar a las personas a relacionar **la Biblia y los principios básicos de salud mental.** Estos principios son presentados a propósito en lenguaje sencillo para que todas las personas lo puedan entender.

   - Presente brevemente el **diagrama** de la experiencia de «Sanar las heridas del corazón» (página 7).

   - Establezca las reglas fundamentales para crear un lugar seguro (página 17).

   - Tal vez exista la necesidad de **acomodar el programa**

   - Aprendemos mejor a través de la experiencia, utilice el método **participativo**.

   - La primera parte de la sesión se concentra en tener una **experiencia de los materiales**. En la segunda parte de la sesión, aprenderemos a **liderar pequeños grupos** basándonos en dicho material. Estos grupos pequeños reciben el nombre de «Grupos para sanar».

3. Los participantes que han asistido a todas las sesiones recibirán, al final, dos clases de certificados. El certificado de «Aprendiz de facilitador» será otorgado a todos aquellos que seguirán el proceso de capacitación para convertirse en facilitadores certificados del tratamiento del trauma. El certificado de «Participación» será otorgado a quienes no seguirán con la capacitación, ya sea por decisión propia o por la evaluación del equipo de trabajo. Nosotros tomamos el proceso de certificación muy en serio porque el objetivo es no hacer daño, tanto a quienes buscan ayuda como a nosotros mismos.

B. Manual inicial (15 min)

Distribuya copias del *Manual inicial* a los participantes. Haga un repaso de la tabla de contenido y dé una orientación sobre la estructura del libro. Explique que este libro tiene dos objetivos: (1) Contiene todo lo que necesitan para facilitar «Grupos para sanar», e incluye sugerencias sobre los horarios para liderar cada lección de

Sanar las heridas del corazón, consejos para ahorrar el tiempo, actividades y dramatizaciones. (2) Incluye elementos que le ayudarán a liderar los grupos.

C. Estructura del programa y convertirse en un facilitador

Presente la «Estructura del programa» que está en la página 7 y el diagrama de cómo convertirse en un facilitador de la página 10.

D. Aprendizaje participativo (60 min)

1. **Aprendizaje participativo.** Presente esta sección que comienza en la página 15, remitiendo a los participantes al diagrama de la página 16 («Modelo básico de aprendizaje participativo»).

2. **El buen uso de las ayudas visuales.** En la medida de lo posible presente el material de la página 18.

3. **Dramatización** sobre las dinámicas de grupo.

De antemano, prepare en privado cinco o seis personas para que actúen como algunas de las personas difíciles de los grupos (véase la página 18). También, encuentre a una persona que haga el papel de un facilitador que enseña una sección del libro, por ejemplo, las heridas físicas y las heridas del corazón. Elija para este papel alguien que sea amable y flexible.

Pida a los voluntarios que se sienten en la mitad del salón con el resto de los participantes de pie y en círculo alrededor de ellos. El facilitador tratará de liderar, y las otras personas tratarán de actuar según su personaje. Finalice a los 5 o 10 minutos.

Discutan en grupo sobre cada uno de los participantes, empleando las siguientes preguntas:
- ¿Cuál era su problema?
- En un «Grupo para sanar», ¿cómo manejaría usted a este tipo de personas?

Haga referencia al esquema de la página 18 para ver más ideas sobre el manejo de estas dinámicas de grupos.

E. Práctica de la facilitación (preparación: 20 min; ejercicios: 20 min por cada participante)

Lea la página 20 con los participantes. Deles tiempo para preparar (por ejemplo, pueden seleccionar el tema un día y presentarlo al día siguiente).

Asigne a una persona del equipo de trabajo, como líder de cada grupo. Si no se cuenta con suficientes miembros del equipo de trabajo, seleccione algunos participantes que ya tienen habilidades en la facilitación de grupos. Instruya a estos líderes para que utilicen el siguiente proceso:

- Recuérdele al grupo que este es un ejercicio para mejorar las habilidades de facilitación y recibir comentarios que los ayudará a mejorar.

- Pida a los integrantes del grupo que presenten por turnos.

- Detenga cada presentación después de 10 minutos (pida que alguien lo ayude con el cronómetro de un teléfono móvil).

- Luego, que los presentadores respondan dos preguntas:

  - ¿Qué cree usted que estuvo bien?
  - ¿Qué cree usted que podría mejorarse la próxima vez?

- Luego pídale al resto del grupo que dé su opinión usando las mismas preguntas.

- En privado, evalúe las habilidades del presentador utilizando la escala de la página 20.

- Entregue la evaluación al facilitador principal de la sesión de capacitación.

F. Informes (30 min)

Distribuya a cada persona un informe en blanco de «Grupos para sanar» (página 123; descargable).

Lea en grupos pequeños el siguiente párrafo y complete el informe:

> Juan está listo para empezar un «Grupo para sanar» en la Iglesia anglicana de San Pablo, está localizada en la ciudad capital de Santiago del Sur. Él ha tenido una reunión con los líderes y han acordado empezar con un grupo de viudas. Después de anunciar las reuniones, 20 señoras han asistido para ver de qué se trata. Han convenido en reunirse cada miércoles en la tarde, empezando el 10 de abril. A menudo las reuniones empiezan a las 3 p.m. y terminan a las 4:30 p.m. Las reuniones continuaron por 10 semanas, y una vez se canceló ya que la iglesia tenía un evento especial. Algunos participantes habla español, pero la mayoría hablan sáhuatl (un idioma indígena), entonces las reuniones son en sáhuatl. Al final, 15 viudas continúan reuniéndose. Juan ha enseñado todas las lecciones, menos la 7 y la 11. No se ha gastado mucho dinero en los grupos, solo café que la iglesia quiso proveer. Muchas viudas pudieron experimentar cómo sus heridas empezaron a sanar, pero la mayoría es tan pobre que no puede alimentarse bien. Juan no es capaz de ayudarlas con sus necesidades materiales.

A manera de ejercicio, que todo el grupo llene un informe.

Cada vez que los participantes terminan un «Grupo para sanar» deben enviar un informe. Indique claramente a quién deben enviar el informe. A menudo, los aprendices de facilitadores envían los informes de «Grupos para sanar» al líder de la sesión, quien ofrece comentarios e ingresa la información en la base de datos (o los envía al traumahealing@americanbible.org si el acceso a Internet es limitado).

G. Plan de acción

Que los participantes formen grupos junto con miembros de su iglesia, organización o comunidad. Aquellos que no tienen compañeros de ministerio en la capacitación pueden formar un grupo.

Que juntos planifiquen cómo poner en práctica, a través de «Grupos para sanar», lo que han aprendido. Para cada «Grupo para sanar» especifique:

- Cuándo (fecha y hora)
- Dónde
- Quién asistirá (tipo y número de asistentes. Por ejemplo, seis mujeres)
- Quién será el líder

- Qué lecciones opcionales se presentarán además de las lecciones principales
- En qué idioma
- Qué permisos se necesitan

Que los participantes presenten su plan de acción a todo el grupo y que estos les den su opinión sobre el mismo.

H. Ceremonia de clausura (30 min)

La ceremonia de clausura de una sesión de capacitación puede ser un motivo de celebración para los participantes y el equipo de trabajo. También puede ser una oportunidad para invitar a otros miembros de la comunidad a escuchar en qué consiste el programa. Los participantes son los encargados de organizar este evento y el nivel de formalidad depende de cada cultura (desde una reunión corta con traje casual hasta un evento prolongado con discursos de dignatarios, palabras de exhortación y oraciones). Se pueden incluir testimonios o compartir partes del material usado en el programa, sobre todo, si hay invitados que no asistieron a la sesión. Siempre se incluye la entrega de certificados.

Para no avergonzar a los participantes, no lea en voz alta el tipo de certificado concedido—pero asegúrese que cada uno entienda bien su nivel. Tenga una reunión en privado con aquellos que solo recibirán un certificado de participación (véase evaluación y comentarios, página 83). Es aconsejable tener esta conversación antes de la sesión de Plan de acción.

La ceremonia es la última etapa de la sesión de capacitación y concluye con una oración pidiéndole a Dios bendiciones sobre el ministerio del participante.

Sesiones de capacitación avanzada

Para poder asistir a su sesión de capacitación avanzada, los participantes debieron haber asistido primero a la sesión de capacitación inicial y haber facilitado por lo menos dos «Grupos para sanar», abarcando mínimamente las lecciones principales. La sesión avanzada pule las habilidades que se han adquirido en la sesión inicial y las prácticas, y ofrece contenido adicional que enriquece el entendimiento de los participantes sobre la experiencia del tratamiento del trauma.

Al final de la sesión avanzada, los participantes que han demostrado tener las competencias necesarias son certificados como facilitadores de grupos para sanar o como facilitadores de capacitación. A veces, algunos participantes que demuestran grandes habilidades podrán ser certificados como maestros facilitadores en entrenamiento.

Al final de la sesión de capacitación avanzada, los participantes serán capaces de:

1. Resolver dificultades que puedan surgir al ejercer su ministerio en el tratamiento del trauma.
2. Enseñar y usar los materiales de manera adecuada.
3. Liderar sesiones de forma participativa.
4. Atender hábilmente a las personas traumatizadas.
5. Planificar el lanzamiento del programa.
6. Informar debidamente sobre las actividades.

PREPARACIÓN

Personas que hacen parte

En una sesión de capacitación avanzada se necesitan el mismo número de roles de una sesión de capacitación inicial (página 76). Sin embargo, al menos una de las personas del equipo de trabajo debe ser maestro facilitador.

Revisión de los informes

Escriba con anterioridad a los participantes para estar seguro de que ellos han enviado los informes de los «Grupos para sanar» que han liderado (o alguna otra actividad del tratamiento del trauma de la que han sido parte). Pueden enviar el informe a través de correo electrónico, teléfono o una copia impresa. Revise estos informes y consulte en la base de datos las demás actividades que se han llevado a cabo en su localidad.

Materiales

Además de los materiales requeridos para una sesión de capacitación inicial (página 78), usted necesitará:

- *Programa clásico: Manual del facilitador* versión completa para cada participante (este incluye el contenido del *Manual inicial*).

- Copias de los informes de grupos para sanar para que los participantes los puedan llenar en caso de no haberlo hecho con anterioridad.

- Archivo de ayuda de la base de datos (un ejemplar por participante, descargable)

- Si por alguna razón no va a tener acceso a Internet en el lugar de la sesión, exporte los informes desde la base de datos según el campo de ministerio de los participantes (facilitadores, organizaciones, grupos para sanar, sesiones de capacitación, sesiones de información y traducción) para que pueda comprobar que la información es correcta y completa.

- Modelos de certificados (participación y certificación).

HORARIOS PARA LA SESIÓN DE CAPACITACIÓN AVANZADA

Los horarios de la sesión avanzada tienen más opciones que los horarios de la sesión inicial. Prepare el horario teniendo en cuenta los informes y las necesidades del grupo.

Las sesiones de capacitación avanzada deben incluir los siguientes elementos (como mínimo, se debe contar con 17 horas).

- Generalidades de los logros y los desafíos (90 min).
- Repaso del modelo del programa: etapas de programa «Sanar las heridas del corazón», informes, cómo convertirse en un facilitador y sitio web del Instituto *Trauma Healing* (45 min).
- Evaluación de los informes, para asegurar el uso adecuado del sistema de informes. (45 min).
- Presentación de la base de datos (40 min).
- Revisión del aprendizaje participativo (50 min).
- Práctica de facilitación para cada participante al menos una vez.
- Revisión mínimamente de las lecciones principales y cómo enfrentar algunos desafíos (7.5 horas).
- Ceremonia del perdón (75 min).
- Evaluación (45 min).
- Cómo liderar una sesión de información (30 min), véase la página 114.
- Cómo liderar una sesión de capacitación (60 min), véase la página 114.

- Cómo planificar un ministerio de tratamiento del trauma, con metas de impacto (90 min, tal vez necesite dos sesiones), véase la página 117.
- Cómo manejar el trato a las personas
- Ceremonia de clausura (30 min)

Opciones

- Si todos los participantes han hecho un buen trabajo en la práctica de facilitación, revise el contenido de las otras lecciones (tal vez se necesiten 45 min para cada una) en vez de hacer una práctica de facilitación para cada lección (véase página 102).

- Averigüe cuáles lecciones no han recibido los participantes todavía y cuáles creen que son más importantes. Las lecciones opcionales son:

  - L4 Los niños
  - L5 Abuso sexual
  - L6 VIH-SIDA
  - L6A Abuso doméstico
  - L6B Suicidio
  - L6C Adicciones

  - L7 El que cuida
  - L10 Los conflictos
  - L11 Prepararse para las dificultades
  - L11A Ayuda después de un desastre

- Otros materiales complementarios de la guía de las lecciones como el ejercicio del árbol (página 126), el ejercicio de respiración (página 125), las botellas bajo el agua (página 30) y otros ejercicios.

Nuevo material para las sesiones avanzadas: Elija de entre los siguientes temas aquellos que son más importantes para el grupo. Téngalos en cuenta para los periodos «opcionales» en los cronogramas. El asterisco indica que requiere de toda una sesión.

Sobre tratamiento de trauma

1. ¿Se puede domesticar a Dios?
2. Ejercicio de la línea de tiempo
3. Escuchar mejor
4. Afrontar el trauma continuo
5. Reconocer el agotamiento
6. Superación de los prejuicios
7. Conflicto interpersonal
8. El árbol del conflicto y de la paz

Sobre la logística del programa

9. *Manejar sus emociones en el trato a las personas
10. *Liderar una sesión de información
11. *Liderar una sesión de capacitación
12. *Presentación de la base de datos y ejercicio
13. Escribir testimonios
14. Financiamiento local
15. *Planificación y metas de impacto

Para ahorrar tiempo

- Dentro de lo posible, organice con anterioridad a los participantes en grupos para la práctica de facilitación. Utilice el periodo al final del primer día para el nuevo material.
- Asigne el examen como una tarea para la casa.

Para descargar los exámenes de las sesiones de capacitación avanzada y sus respuestas se necesita una contraseña, la cual está disponible para los maestros facilitadores y otras personas cuando la necesiten.

Horario de la sesión de capacitación avanzada (modelo para 5 días)

	Lunes	Martes	Miércoles	Jueves	Viernes
7:00	Desayuno				
8:00	Devocional	Compartir y orar en grupos			OraciónSalmo116
8:30	Bienvenida, introducción yexpectativas (25 min) Logrosydesafíos	L1¿Porqué sufrimos? Prácticade facilitacióny evaluación	Opciones	L9 Perdón Práctica de facilitación y evaluación	Devolverydiscutir losexámenes L11A (u otra lecciónopcional)
10:00	Receso				
10:30	Modelo del programa Evaluacióndelos informes	L2Heridasdel corazón Prácticade facilitacióny evaluación	Opciones	Comentarios sobrelaL8yla ceremoniadel perdón. Opciones	Opciones Formulariode comentariosdel participante
12:30	Almuerzo				
2:00	Labasededatos (40 min) Aprendizajeparti-cipativo(50min)	L3 El duelo Prácticade facilitacióny evaluación	Liderarsesiones deinformación	Examen(45min) Opciones	Planificarymetas de impacto
3:30	Receso				
3:45	Manejarsusemo-ciones(60min) Elegirlaslecciones para facilitar (20 min)	Liderar sesionesde capacitación	Ejercicio de loslamentosy compartir	Opciones	Ceremoniade clausura
5:15	Fin del día / Reunión del equipo de trabajo				
6:30	Cena				
7:30	Ceremoniadel perdón				
8:45	Fin del día				

Horario de la sesión de capacitación avanzada (modelo para 4 días)

	Martes	Miércoles	Jueves	Viernes
8:30	Bienvenida,lectura bíblica, oración, canción	Devocional(20min),anuncios(10min)		Oración:Salmo116
9:00	Introduccióndel equipodetrabajoy expectativas(25min) Logrosydesafíos	L1¿Porquésufrimos? Prácticadefacilita-ciónyevaluación	L9 Perdón Prácticadefacilita-ciónyevaluación	Devolverydiscutir los exámenes (20 min) L11A(uopciones)
10:30	Receso			
11:00	Modelodeprograma Evaluacióndelos informes	L2 Heridas del corazón Prácticadefacilita-ciónyevaluación	Comentariossobrela L8ylaceremoniadel perdón Opciones	Opciones Formulario de comentariosdel participante
12:30	Almuerzo			
1:30	Labasededatos (40 min) Aprendizajepartici-pativo (50 min)	L3 El duelo Prácticadefacilita-ciónyevaluación Repasarladramati-zaciónyloslamentos	Examen (45 min) Opciones	Planificarymetasde impacto Ceremonia de clausura Terminaralas4:00
3:00	Receso			
3:15	Manejarsusemocio-nes (60 min) Elegirlaslecciones parafacilitar(20min)	Liderarsesiones deinformacióny capacitación	Opciones	
5:00	Findeldía/Reunióndelequipodetrabajo		Receso	
5:30			Cena	
6:15			Ceremonia del perdón	
7:30			Fin del día	

Horario de la sesión de capacitación avanzada (modelo para 3 días)

	Día 1	Día 2	Día 3
8:30	Bienvenida,Lecturabíblica, oración, canción	Devocional	
9:00	Introducciónyexpectativas Logros y desafíos	L2Prácticadefacilitacióny evaluación	Facilitadoresdecapacitación: Liderarsesionesdeinformación y capacitación Facilitadoresdegrupospara sanar: opciones
10:30		Receso	
11:00	Modelo del programa Evaluacióndelosinformes La base de datos	L3Prácticadefacilitacióny evaluación	Opciones Formulariodecomentarios del participante
12:30		Almuerzo	
1:30	Aprendizajeparticipativo (30 min) Manejarsusemociones (60 min)	L9Prácticadefacilitacióny evaluación	Ejerciciodelabasededatos Opciones
3:00		Receso	
3:00	L1Prácticadefacilitacióny evaluación	ComentariossobrelaL8yla ceremoniadelperdón(35min) Examen (45 min)	Planificarymetasdeimpacto (70 min) Ceremoniadeclausura (20 min)
5:00	Findeldía/Reunióndel equipo de trabajo	Receso	
5:30		Cena	
6:30		Ceremoniadelperdón	
7:45		Fin del día	

Sesiones de capacitación dual (inicial y avanzada)

Existe la posibilidad de capacitar en una sola reunión tanto a los grupos que empiezan como a los avanzados. Aquellos que ya están en entrenamiento pueden facilitar sesiones para el grupo que está iniciando, por ejemplo, supervisando el ejercicio de la práctica de facilitación. A menudo los planes de acción se hacen en conjunto. Los participantes de la sesión avanzada pueden ser modelos a seguir, al crear una atmósfera de «¡Sí, se puede!».

Prepare por separado horarios para cada modalidad, y planifique momentos para que todo el grupo esté reunido: devocionales, prácticas de facilitación, entre otros momentos. «Lleve su dolor a la cruz» puede ser una actividad en la que todos participan y pueden incluirse elementos de la ceremonia del perdón (véase la página 57, consejo 3).

BIENVENIDA

Empiece con una sesión de bienvenida, como en la sesión de capacitación inicial. Comparta sobre las esperanzas y expectativas, y asegúrese de que son abarcadas durante la semana.

INFORMES DE LA PRÁCTICA

Generalidades de los logros y los desafíos (90 min)

Que los participantes compartan de manera general y en pequeños grupos acerca de sus logros y desafíos. Después con todo el grupo, que cada grupo pequeño presente las tres conclusiones más importantes. Si los desafíos pueden solucionarse con facilidad, procure hacerlo. Sitúe los desafíos que son más difíciles en el pizarrón o en la pared, y abórdelos durante la semana.

Evaluación de los informes y el progreso (90 min)

Revise la lista de todos los facilitadores de «Sanar las heridas del corazón» en su región (incluya todas las modalidades: clásico, niños, basado en historias). Asegúrese de que la lista sea correcta y esté al día. Descubra maneras en las que ellos puedan trabajar unidos.

Divida a los participantes según el país o la región. Proporcione una lista de los informes que usted ha recibido hasta la fecha (ya sea por correo electrónico, papel o en la base de datos). Procure que los integrantes del equipo de trabajo ayuden a cada grupo para asegurarse de que los informes son entregados y que los formularios son diligenciados correctamente. Tenga a la mano copias adicionales para los informes que faltan o que no se completaron correctamente, pueden llenar uno nuevo.

Haga un mapa del país o zona donde han ocurrido las actividades del programa. Ponga una nota adhesiva de color o puntos en los lugares donde hay facilitadores del programa y donde hay grupos para sanar o donde ha habido capacitaciones. Añada en la etiqueta las iniciales de los facilitadores que dirigieron cada una de las sesiones. Dé un paso atrás y, mirando todo el mapa, descubra dónde el tratamiento de trauma ha tenido lugar y dónde aún se necesita.

PREPARANDO LA PRÁCTICA DE FACILITACIÓN

Revisión del aprendizaje participativo: Mientras los participantes se preparan para su práctica de facilitación, deben leer la sección «Facilitar grupos» del manual (página 15), así como los horarios para la lección que van a impartir.

Divida a los participantes en grupos de 8 o 10 integrantes (con un número par de personas en cada grupo). Dentro de cada grupo, los participantes deben elegir a otra persona con quien desean trabajar. Cada pareja deberá elegir una sección de una de las lecciones principales que puedan enseñar en 30 minutos, excepto la lección 8. Haga la práctica de facilitación como en la sesión inicial de capacitación, pero esta vez como trabajo en equipo, compartiendo la facilitación. Asegúrese de que las lecciones 1, 2 y 3 se seleccionan primero, antes que la Lección 9.

Si todos han tenido la oportunidad de facilitar una sesión y no todas las lecciones se han abarcado, que los que fueron primero o aquellos que necesitan más práctica lo hagan una segunda vez, o simplemente presente el contenido de las últimas lecciones sin la ayuda de un facilitador.

Informe a los participantes que serán evaluados con los mismos criterios utilizados en las sesiones iniciales.

REPASO DE LA LECCIÓN

Si usted tiene sesiones de 90 minutos, procure hacer lo siguiente para cada lección de «*Sanar las heridas del corazón*»:

- 30 minutos para la práctica de facilitación, una pareja hace su presentación durante 30 minutos, repartiéndose el tiempo en partes iguales.
- 60 minutos para las opiniones del grupo y del líder.
  - Pida a los **presentadores** que digan cómo se sintieron, qué salió bien, qué harían diferente la próxima vez.
  - Pida a los **integrantes del grupo** que expresen cómo se sintieron, qué salió bien, qué se debería hacer diferente la próxima vez.
  - Averigüe cuántos participantes han enseñado esta lección. Revise los objetivos de la lección y siga las secciones, una por una, mostrando

cómo contribuye cada sección a cumplir los objetivos. Aclare lo que esté confuso. Discuta problemas, avances y maneras de contextualizarlo. Hable de todo aquello que deba ser corregido o añadido a la práctica de facilitación para que, al final, el grupo entienda cómo debe enseñarse la lección.

- Concéntrese en el dominio de los materiales básicos, la habilidad de escucha y la facilitación.

- Presente las ideas sobre facilitar grupos (desde la página 15) a medida que surjan ejemplos. Realice carteles en el salón que enfaticen las ideas principales, como «Preguntar. Escuchar. Complementar».

NUEVOS MATERIALES

1. ¿Se puede domesticar a Dios? (40 min; complementa la Lección 1)

Dramatización del cajero automático (5 minutos)

Presente esta sección mediante una dramatización o mímica de una persona retirando dinero de un cajero automático: Introduce la tarjeta de crédito, especifica la cantidad, retira el dinero en efectivo (y el recibo). La persona sonríe con satisfacción. Después, pregúntele a todo el grupo: «¿En qué se parece o se diferencia nuestra relación con Dios al uso de un cajero automático?».

Animales salvajes (15 min)

- Pregunte a todo el grupo: ¿Hay animales salvajes en su área? ¿Cuáles? ¿Qué ocurriría si uno intenta domesticarlos o amansarlos?

En Job 39:5–12 (TLA), Dios pregunta a Job sobre los burros salvajes:

Yo soy quien hizo libres
a los burros salvajes;

yo soy quien les dio el desierto
para que vivan allí.

Son tan libres que no hacen caso
de los ruidos de la ciudad
ni de los gritos de los arrieros.

Y así, andan por los cerros
en busca de pastos verdes.

¿Tú crees que un toro salvaje
estará dispuesto a servirte
y a dormir en tus establos?

¿Tú crees que si lo amarras
podrás hacer que te siga,
y que no se aparte del surco
hasta que cultives tus campos?

¿Puedes confiar en su fuerza
y echar sobre sus lomos
todo el peso de tu trabajo?

¿Puedes hacer que el toro
junte todo tu grano
y lo lleve hasta el molino?

¿Por qué le habla Dios a Job acerca de los burros salvajes?*

El libro de Job nos enseña cómo comprender a Dios en tiempos de un sufrimiento prolongado e injusto.

En los tiempos de Job, las personas creían que:

1. Dios es justo.
2. Si las personas son buenas, Dios las bendice.
3. Si las personas son malas, Dios las hará sufrir.

En el caso de Job, entonces, según lo dicho anteriormente:

4. Job está sufriendo, así que él debió haber hecho algo malo.

Pero Job no acepta que él hubiera hecho algo tan malo como para merecer el sufrimiento que estaba experimentando. Sus amigos insisten en que él ha pecado y tiene que confesar, pero Job no tiene nada que confesar y se niega a fingir que confiesa sus pecados.

La alternativa para Job es concluir, entonces, que Dios no es justo. Pero él no puede aceptar eso tampoco. Job le pide a Dios una explicación por su sufrimiento porque, como ser humano, necesita darle sentido a su vida.

Dios le responde que él creó el universo y que hay un orden en el universo, pero que también existen animales salvajes que la gente no puede domesticar. A veces, las personas intentan domesticar a Dios con sus ideas acerca de la bendición y del sufrimiento. El libro de Job nos enseña que no podemos domesticar a Dios así como no podemos domesticar animales salvajes. Dios actúa libremente, él no está encadenado por nuestras explicaciones o expectativas. Hay algunas cosas que las personas no pueden entender, explicar o controlar.

Diálogo en pequeños grupos (10 minutos)

1. Piense en un tiempo cuando se sintió confundido porque no podía entender por qué estaba sufriendo. ¿Qué explicaciones le dio la gente? ¿Qué efecto tuvieron estas explicaciones en usted?
2. ¿Cómo puede ayudarle el libro de Job a pensar sobre su experiencia de una mejor manera?

Diálogo con todo el grupo (10 minutos)

Obtenga las opiniones de todos y complemente con los elementos relevantes de la siguiente lista que aún no se han mencionado:

1. Dios recompensa la valentía y la honestidad de Job. No le hace reproches, sino que reprocha a sus amigos. En tiempos de sufrimiento, está bien

---

*Adaptado de Gutiérrez, Gustavo, 1987. *On Job: God-talk and the suffering of the innocent.* Maryknoll, NY: Orbis (título en español *Hablar de Dios desde el sufrimiento del inocente: Una reflexión sobre el libro de Job*).

formular las preguntas difíciles, pedir una audiencia con Dios y aprender algo nuevo de él.

2. Nosotros no podemos manipular a Dios. Él es libre; y nosotros también somos libres. Todas las relaciones se basan en la elección, no en la manipulación.

3. No debemos suponer que el sufrimiento significa pecado. Hebreos 11 nos habla de personas que tenían mucha fe. Muchos obtenían respuestas increíbles a sus oraciones, pero también hay algunas personas mencionadas en los versículos 36–40 que sufrieron, sin encontrar respuestas a sus oraciones. En lugar de condenar a estas personas por no tener suficiente fe, el versículo 38 nos dice que «*la gente de este mundo no merecía personas tan buenas*».

4. Nosotros no tenemos que tener una explicación para el sufrimiento, basta con saber que Dios tiene el control.

5. Dios no es como un cajero automático donde insertamos nuestra oración y automáticamente obtenemos lo que pedimos.

2. Ejercicio de la línea de tiempo (45 min; complementa la Lección 2)

Una línea del tiempo sobre el trauma muestra visualmente los traumas significativos que una persona o una comunidad han experimentado. Esto puede servir como base para compartir o dialogar.

Para hacer una línea de tiempo:

- Coloque una hoja de papel de lado (en posición horizontal).

- Trace una línea horizontal sobre la hoja de papel a cinco centímetros de la parte superior.

  - Escriba «nacimiento» (o fecha de su nacimiento) en el extremo izquierdo.
  - Escriba el año actual en el extremo derecho.
  - Marque la mitad de su edad en la mitad de la línea de tiempo.

- Piense en los eventos significativos de su vida, tanto los buenos como malos. Escríbalos en la línea de tiempo y ponga la fecha del evento por encima de la línea.

- Gire su papel a la posición normal (vertical) y escriba una breve descripción de cada evento.

Después de hacer la línea de tiempo, compartan en pequeños grupos especialmente sobre los traumas que todavía los afectan hoy en día. Si los miembros de un grupo han compartido la misma historia de trauma, pueden hacer una línea de tiempo del trauma que han vivido como grupo.

3. Escuchar mejor (55 min; complementa la Lección 2)

Ya hemos aprendido a ayudar a las personas a contar su propia historia. Cuando las personas han tenido una serie de experiencias dolorosas, sus vidas son como un hilo que se anuda y se enreda. Deben ser ellos mismos los que digan por dónde quieren empezar a desenredar el hilo. Generalmente, es mejor empezar con una experiencia que es menos dolorosa y pasar gradualmente a las experiencias más dolorosas.

La gente puede contar su historia poco a poco, como removiendo capas de una cebolla. No trate de atender todo a la vez.

El objetivo no es revivir la experiencia sino contar todo lo que puedan en ese momento. Manténgalos en el presente, respirando profundo, manteniendo la mirada fija, oliendo algo, tocando algo; y así sucesivamente. Compruebe periódicamente mientras cuentan su historia, preguntando, «¿cómo se siente ahora?, ¿quiere tomar un descanso?».

El trauma construye un muro entre la mitad derecha e izquierda del cerebro. Estas mitades pueden reconectarse cuando las personas cuentan su historia de una manera diferente en un entorno seguro. Pueden asociar nuevos recuerdos a su historia.

Aquí se presentan otras maneras de mejorar sus habilidades de escucha (15 min).

1. **Ayude a la persona a ver su experiencia de una manera nueva.** Aquí presentamos tres preguntas que pueden ayudar:
    - ¿Qué le dio fortaleza para atravesar el momento difícil?
    - ¿Dónde estaba Dios durante esa experiencia?
    - ¿Pudo ayudar a los demás de alguna manera? Explique.

2. **Soluciones prácticas.** A su debido momento, las personas necesitan dar pasos prácticos para resolver sus problemas. No trate de resolverles los problemas; por el contrario, ayúdeles a que ellos mismos descubran soluciones. Estas preguntas pueden ser útiles:
    - ¿Qué ha intentado hacer?
    - ¿Qué recursos tiene?
    - ¿Qué otras cosas podría intentar?
    - ¿Cuál le parece mejor?

Ejercicio de escucha en parejas (20 min)

Compartan una experiencia dolorosa. Traten de ayudar a la persona a ver su experiencia de una manera nueva y/o a darle soluciones a sus problemas prácticos.

4. Afrontar el trauma continuo (45 min)

El trauma deja a menudo a las personas en condiciones difíciles y sin resolver, sin los recursos que una vez tuvieron para superar las dificultades. Las tensiones diarias de la vida después del trauma pueden ser tan difíciles como el trauma mismo. Haga este ejercicio con personas cuyas vidas han sido perturbadas por un trauma que aún perdura, como aquellas en zona de guerra o campos de refugiados.

Diálogo en pequeños grupos

1. ¿Cuál es la parte más difícil de su situación actual?
2. ¿Qué cosas hacen más difícil vivir en esta situación?
3. ¿Qué cosas le ayudan mientras vive en esta situación?

Obtenga los comentarios de todo el grupo. Para las preguntas 2 y 3, complemente con los puntos de la siguiente lista que aún no se han mencionado.

*¿Cuáles son las cosas que **no** ayudan a las personas a enfrentar trauma continuo?*

1. Aislamiento: vivir y comer a solas.
2. No tener nada para hacer ni ningún propósito para la vida.
3. Uso de alcohol o drogas para detener el dolor interno.
4. Expresar enojo peleándose o lastimando a otros.
5. Ganar dinero a través de la prostitución.
6. Ignorar las responsabilidades frente a su cónyuge e hijos.

*¿Cuáles son las cosas que **sí** ayudan a las personas a enfrentar el trauma continuo?*

Como individuo:

1. Aprender técnicas de relajación, como el ejercicio del árbol y el ejercicio de respiración (página 125). Esto puede ayudar a reducir las pesadillas.
2. Caminar para reducir el enojo, correr, cortar madera u otra actividad física.
3. Memorizar pasajes de las Escrituras que refuten los pensamientos negativos que vienen a la mente.
4. Hacer duelo por la pérdida y, con el tiempo, comenzar a aceptar la nueva vida que Dios le ha dado (Jeremías 29:4–14).
5. Proteger a los niños para que no escuchen muchas historias de trauma o historias demasiado detalladas. Proteger a las niñas para que no sean violadas o abusadas sexualmente.
6. Utilizar lo que tiene a la mano para mantenerse saludable: lavarse las manos, plantar un pequeño jardín. Aprender sobre las plantas que pueden curar enfermedades o proporcionar nutrición.
7. Encontrar maneras de ganar algo de dinero: en jardinería, confección, agricultura, entre otras actividades.
8. Pensar en algo que otros necesitan o quieren aprender y enseñarles; por ejemplo, inglés, cocina e higiene.

Como grupo:

1. Trabajar en equipo para mejorar las cosas (sin aislarse). Buscar una forma de agruparse con otras personas y juntos crear estrategias.

2. Tomar decisiones como grupo. Ver los pros y los contras, se debe evitar que las reacciones emocionales entorpezcan el proceso.

3. Compartir el dolor con otras personas. Deben crearse grupos de escucha donde puedan compartirse cosas personales. Se debe encontrar un grupo donde el liderazgo ocurra sin ser forzado.

4. Divertirse juntos. Organizar reuniones para cantar y compartir testimonios del tratamiento del trauma, hacer dramatizaciones, concursos de memorización de versículos o conocimiento bíblico, practicar algún deporte o celebrar festejos.

Haga que los sobrevivientes del trauma revisen esta lista mensualmente y traten algo diferente cada mes.

5. Reconocer el agotamiento (60 min; complementa la Lección 7)

El agotamiento es un término que describe el cansancio crónico. Es una forma de estrés severo causado por demasiado trabajo o por trabajar bajo condiciones estresantes. Este ejercicio, adaptado del Instituto *Headington*, identifica algunos de los síntomas más comunes del agotamiento.

Ejercicio con todo el grupo

Puede dar a cada participante una fotocopia del ejercicio sobre el agotamiento (página 143) o leer en voz alta las preguntas y que cada persona escriba el **número** de la pregunta y el **número** de su respuesta sobre una hoja de papel, basándose en su experiencia del *mes pasado*. Coloque la clave de respuestas en un lugar visible.

> 0 = Nunca   1 = Rara vez   2 = Algunas veces
> 3 = A menudo   4 = Siempre

Que al final cada persona sume sus puntos. Resuma la siguiente escala en un pizarrón.

- **0–25:** Una puntuación en este rango indica que probablemente está en buena forma y tienen bajo riesgo de agotamiento.

- **26–50:** Una puntuación en este rango indica que usted experimenta un grado de riesgo bajo o moderado de agotamiento.

- **51–75:** Una puntuación en este rango indica que puede estar experimentando entre un grado de riesgo moderado o alto de agotamiento.

- **76–100:** Una puntuación en este rango indica que usted experimenta un alto grado de riesgo de agotamiento.

Que los participantes discutan en pequeños grupos las fuentes de su estrés y pasos prácticos que puedan dar para mantener una vida más sana. Informe a todo el grupo, tal vez una persona de cada grupo puede compartir algunos pasos específicos que han decidido dar.

6. Superación de los prejuicios (1 hora, complementa la Lección 10)

Todos hemos crecido con prejuicios. Por ejemplo, alguien de África llegó a Estados Unidos para asistir a una conferencia. Después de la comida de la tarde, caminó alrededor intentando encontrar a alguien con quien hablar pero no encontró a nadie. «Oh, los estadounidenses no son gente buena. Se mantienen solos y no se visitan los unos a los otros». Luego, entró al salón y encontró un grupo de personas conversando jovialmente. Se dio cuenta de que su juicio sobre estos estadounidenses no era cierto.

Los prejuicios pueden impedir que veamos a las personas como Dios las ve y puede generar riñas, guerras y conflictos. En Romanos 12:2, el apóstol Pablo nos dice, «Y no vivan ya como vive todo el mundo. Al contrario, cambien de manera de ser y de pensar». ¿Cómo podemos reconocer nuestros prejuicios y así ayudar a prevenir los conflictos desde la raíz?

Discusión con todo grupo

Lea las siguientes tres escenas y discuta estas preguntas acerca de cada una.

1. ¿Qué juicio hizo él o ella?
2. ¿Qué pasó exactamente?
3. ¿Cuál podría ser otra explicación a la conducta de los jóvenes?

A. Una tarde, una señora estaba en una pequeña tienda comprando leche, de pronto entraron también cuatro jóvenes vestidos de una forma particular para comprar algunas bebidas. Estaban riendo y hablando en un idioma que ella no podía entender. Ella se puso tensa y salió de la tienda tan pronto como pudo.

B. Juan era un gerente en una ciudad del norte de Santiago del sur. Su compañía había anunciado la vacante para una recepcionista. Le dio una ojeada a las solicitud y eligió a cuatro personas para invitarlas a la entrevista. Casi sin pensarlo, él rechazó las solicitudes de personas que tenían apellidos que sugerían que eran del sur del país.

C. Dos profesores estaban hablando después de clases. El más joven dijo «no sé qué hacer con los niños de mi clase que vienen de la zona de Barala. Simplemente no aprenden nada». El maestro de más edad le respondió: «No se preocupe por ellos, todos los del pueblo de Barala son lentos y tontos».

Diálogo en pequeños grupos

Piense en algún momento en el cual usted hizo un juicio de valor, es decir, cuando sintió que el comportamiento de una persona era extraño y solo se podría explicar diciendo algo como, «Los baralenses son tontos, lentos u orgullosos ...», y responda a las siguientes preguntas:

1. ¿Qué juicio de valor expresó usted?
2. ¿Qué pasó exactamente?
3. ¿Cuál podría ser otra explicación a la conducta de las personas?

7. Conflictos interpersonales (60 min; complementa la Lección 10)

Este proceso puede ser útil para resolver los conflictos que surgen entre las personas.

Ejercicio con todo el grupo: dramatización

Que un grupo prepare una dramatización basada en una de estas historias: *Robo de naranjas* o *El perro en el jardín*. Seleccione la historia que funcione mejor en su contexto.

Robo de naranjas

Personajes: el niño, Ricardo y su esposa, los padres del muchacho y su pastor.

> Un día, muy temprano en la mañana, un hombre llamado Ricardo estaba en su casa hablando con su esposa. A través de la ventana, vio al hijo de su vecino de ocho años robando naranjas de su árbol. Salió de prisa, tomó al niño del brazo y comenzó a golpearlo con una escoba que había recogido mientras corría. El muchacho gritó fuertemente y sus padres acudieron rápidamente en su auxilio. Cuando llegaron allí, el muchacho estaba en el suelo retorciéndose de dolor. Los padres lo llevaron de inmediato al hospital. Los médicos lo mantuvieron en el hospital internado durante varios días. Finalmente, estaba lo suficientemente bien como para darle de alta. La familia tuvo que pagar una cuenta médica altísima. Ambas familias asistían a la misma iglesia y su pastor fue un día con la intención de ayudar a la reconciliación entre ambas familias.

Las dos parejas y el pastor se sientan en un círculo y luego el pastor le hace a Ricardo las siguientes preguntas. Todos escuchan sin interrumpir.

1. ¿Qué pasó?
2. ¿Qué estaba pensando sobre ese asunto en ese momento?
3. ¿Qué ha pensado del incidente desde entonces?
4. ¿Cómo lo afectó lo sucedido? ¿Cómo los afectó a ellos?
5. ¿Qué cree que se necesita para arreglar las cosas?

Manual del facilitador, programa clásico

Después de que Ricardo respondiera, el pastor hace las mismas preguntas a la esposa de Ricardo, y a continuación al vecino y su esposa. Ricardo se siente muy mal al escuchar sobre el impacto de sus acciones en el niño y sus vecinos. Pero se siente peor cuando habla su esposa, y se da cuenta de cuánto la había lastimado, ya que la mamá del niño era una de las mejores amigas de su esposa. Por último, Ricardo se ofrece a pagar la mitad de la cuenta médica. El vecino también se disculpa por la conducta de su hijo y le asegura que nunca le volverá a robar. Al final se reconcilian.

El perro en el jardín

Personajes: Tomás, Rut, Mauricio, Ana, Toby, los hijos y el pastor.

> Tomás y Rut eran vecinos de Mauricio y Ana en una pequeña ciudad. Todos iban a la misma iglesia y eran buenos amigos. Mauricio y Ana estaban orgullosos de las verduras y las flores que crecían en su jardín.

> Tomás y Rut tenían dos niños pequeños y no se preocupaban mucho por su jardín. Un día, Tomás y Rut decidieron ir al refugio de animales para adoptar un perrito. Vinieron con un perro grande muy amigable llamado Toby. Desde el primer día Toby corría muy rápido por el jardín y jugaba alegremente con los niños.

> Una mañana, Toby se metió en el jardín de Mauricio y de Ana y arrancó todos los tomates de su jardín y pisoteó todas las flores. Mauricio agarró al perro por el cuello y lo arrastró hasta la puerta de Tomás. «Mire a su perro —le dijo— ¡ha destruido nuestro jardín!» Antes de que Tomás pudiera responder, Mauricio le dio la espalda y se fue a su casa. Durante las semanas siguientes Tomás se esforzó por mantener al perro bajo control, pero una noche se escapó otra vez y desenterró las rosas que Ana estaba plantando para un concurso. A partir de ese momento Mauricio y Ana se negaron a hablar con Tomás y Rut, incluso cuando asistían a la iglesia. El sacerdote está intentando ayudarles a reconciliarse.

Los vecinos se sientan en un círculo y el párroco hace las siguientes preguntas a Tomás: Todos escuchan sin interrumpir

1. ¿Qué pasó?
2. ¿Qué estaba pensando sobre ese asunto en ese momento?
3. ¿Qué ha pensado sobre el incidente desde entonces?
4. ¿Cómo lo afectó lo sucedido? ¿Cómo los afectó a ellos?
5. ¿Qué cree que se necesita para arreglar las cosas?

Después de que Tomás respondiera, Rut tuvo la oportunidad de añadir su opinión, pero ella está de acuerdo con lo dicho por Tomás. Entonces el sacerdote les pide a Mauricio y Ana que respondan a las preguntas. Tomás y Rut se sienten muy mal al escuchar el impacto de sus acciones sobre sus vecinos. Les piden perdón a Mauricio y a Ana y se ofrecen a reemplazar las plantas que Toby destruyó. Esa noche,

Toby vuelve al refugio de animales. Después de algunos días tristes, los niños se llenan de alegría al ver que Tomás y Rut traen a casa otro perro, esta vez uno más pequeño y con buena conducta.

Ejercicio pequeños grupos: Dinero perdido y encontrado

Personajes: Juan y su esposa, Jorge y su esposa y el pastor. Luego lea en voz alta la siguiente historia:

> Juan encontró un billete de $100 en la calle, frente a su casa. Lo guardó en su bolsillo y comenzó a pensar cómo lo iba a gastar. Dos días después, su esposa le dice que su vecino Jorge tiene un problema, necesita medicamento para la diabetes de su esposa, pero no puede encontrar en su billetera un billete de $100. Ha buscado por todas partes pero no lo encuentra. Juan empieza a sentirse nervioso y asustado y le dice a su esposa lo sucedido. Discuten qué hacer y deciden pedirle ayuda a su pastor. El pastor dice que deberían hablar con Jorge y su esposa. Deciden la hora, y el pastor asiste también.

Dramatice la reunión del pastor y las dos parejas, utilizando las mismas cinco preguntas, primero pregúntele a Juan y luego a los demás.

8. Ejercicio del árbol del conflicto y de la paz (90 min; complementa la Lección 10)

Haga que los grupos, reunidos por mesas, identifiquen un conflicto sobre el que les gustaría discutir. Luego pídales que dibujen un árbol en una hoja grande de papel, con las raíces visibles. Que escriban «conflicto» sobre el tronco del árbol. Este árbol representa una comunidad dividida por el conflicto.

Pregunte: «¿Cuáles son las causas (lo que no se ve) y resultados (lo que se ve) de la división y el conflicto?». Que escriban las causas del conflicto en las raíces del árbol y los resultados como frutos de las ramas. Dialoguen sobre estos dibujos del árbol con todo el grupo. Trate de identificar las principales raíces del conflicto. Para resolver el conflicto, el grupo necesita trabajar con las raíces, no los frutos. Generalmente es una tarea a largo plazo y está más allá de lo que los participantes pueden resolver, pero este ejercicio ayuda a que las personas reconozcan los problemas subyacentes.

Si hay tiempo, dibuje también árboles de «paz» usando el mismo proceso y discuta: «¿Cuáles son las causas (lo que no se ve) y resultados (lo que se ve) de la unidad y la paz?».

Otra alternativa es pedir que la mitad de los grupos dibuje árboles de conflicto, y la otra mitad, árboles de paz.

9. Cómo manejar sus emociones en el trato a las personas (60 min)

Cómo manejar dinámicas de grupo

Se puede realizar la dramatización de las dinámicas de grupo (página 92) o revisar los desafíos y logros de su manejo de las dinámicas del grupo.

Personas que se nos hacen difíciles

Uno puede tener todas las habilidades para cuidar de los demás y, sin embargo, no ser eficaz, si uno no es consciente de la manera en que se comunica no verbalmente con los demás. Lo que uno siente hacia los demás, se puede ver. Es natural que demos un trato diferente a las personas que uno ayuda: algunos de ellos nos agradan más y otros menos. Con algunos estamos de acuerdo y con otros no. Uno no tiene que tener simpatía con todas las personas o estar de acuerdo con todas para poderlas ayudar, pero esto lo hace más difícil. Preste atención a los sentimientos que le generan las personas que ayuda y sus opiniones; así podrá ser compasivo, aunque este no sea el trato natural.

Diálogo en pequeños grupo

1. En los grupos, ¿ha habido personas que le agradaron más y otras que le agradaron menos?
2. ¿Cómo trató a las que le agradaron menos?¿De qué manera era diferente el trato dado a aquellas que le agradaron más?
3. ¿Qué podría hacer para tratar con más amor a quienes menos le agradan?

Reciba los comentarios y añada aquello que aún no se ha mencionado.

En cuanto a las personas que le agrada menos, piense en qué se parece usted a ellas. Escuche su historia cuidadosamente. Recuerde que Dios las ama a ellas tanto como lo ama a usted. Trate de entender aquello con lo que ellas pueden estar luchando y encuentre una manera de dialogarlo. Por ejemplo, alguien que habla demasiado puede querer ser escuchado. ¿Ha tenido usted esta necesidad en su vida? Trate de encontrar una manera de hablar en privado y amablemente con esa persona sobre la situación.

Temas que se nos hacen difíciles

Uno puede encontrar que algunas historias son más difíciles de escuchar que otras. Trate de entender el por qué.

Diálogo en pequeños grupos

1. Hasta el momento, ¿cuál es la historia que se le hizo más difícil en un grupo para sanar?
2. ¿Por qué cree usted que esto fue difícil?

Reciba los comentarios y añada aquello que aún no se ha dicho: Algunas historias pueden hacernos recordar de una situación difícil de nuestras vidas que creíamos haber sanado. Cuando esto suceda, tome tiempo a solas o con un amigo para explorar el dolor que sigue ahí, incluso si la herida ha sido sanada en su mayoría. Esta es una oportunidad para que usted pueda llevar ese dolor a Cristo otra vez y continuar el proceso de sanar.

El peso de escuchar las historias del trauma

Ser facilitadores del tratamiento de trauma nos expone a un montón de historias de trauma y de pérdida. A veces el peso de todas estas historias puede ser abrumador. Por otro lado, ver que la gente se sana de sus heridas puede traernos mucha alegría.

Diálogo en pequeños grupos
1. ¿Cómo lo afecta personalmente el hecho de ser un facilitador de tratamiento del trauma?
2. ¿Qué tan bien se está cuidando usted mismo?
3. ¿Qué cuidados podría tener con usted mismo?

Reciba los comentarios de todo el grupo y, si es necesario, repase las ideas de la Lección 7.

10. ¿Cómo liderar una sesión de información? (60 minutos)

Que los participantes lean con anticipación esta sección del manual (desde la página 67) y como tarea escriban cualquier duda que tengan. Presente esta sección del manual.

11. ¿Cómo liderar una sesión de capacitación? (60 minutos)

Que los participantes lean con anticipación la sección de «Sesiones de capacitación inicial» (a partir de la página 76) y como tarea que escriban cualquier duda que tengan. Presente esta sección del manual, incluyendo algunos ejercicios participativos, tales como:

- Que los participantes diseñen un calendario para un grupo imaginario. Compartan los horarios y dé sus comentarios.

- Revise un informe de sesión de capacitación. Dé a los participantes hojas de «información del participante» (reales o ficticias) para que ellos registren los datos según corresponda para el contexto.

- Si no hay Internet ni computadoras, que escriban los puntajes, el tipo de certificado y los comentarios en la hoja de información de cada participante. Con claridad, informe a quién deben ser enviados estos documentos para ser ingresados en la base de datos.

- Que los participantes preparen una lista de contactos con su nombre, correos electrónicos y sus números de teléfono.

12. Presentación de la página web y la base de datos para los facilitadores (60 min)

Los facilitadores que tienen Internet de alta velocidad pueden acceder a dos recursos en línea.

	Página web del Instituto *Trauma Healing*	Base de datos
Lo que hay disponible	*Página de inicio:* • Información mundial. • Agenda con los próximos eventos. • Publicaciones sobre el programa para comprar. • Todo sobre el tratamiento del trauma. *«Para facilitadores» (sección protegida por contraseña):* • Recursos para descargar (Manuales, hojas de canciones, formularios de informes, cronogramas en blanco y otros recursos). • Materiales de las comunidades de práctica a nivel mundial y otros materiales que pueden ser útiles para su desarrollo personal como facilitador o para su uso en sesiones.	• Información sobre el tratamiento del trauma alrededor del mundo. Se puede encontrar información sobre los facilitadores, las actividades, las organizaciones que participan en el tratamiento del trauma en una ciudad o país. También se puede encontrar la lista de todas las traducciones de los materiales del tratamiento del trauma. • Usted puede ingresar sus informes del tratamiento del trauma directamente, incluyendo los nombres de nuevos facilitadores o las organizaciones que participan.
Cómo acceder	Ingrese a la página traumahealinginstitute.org y solicite acceso, o escriba al correo electrónico traumahealing@americanbiblesociety.org. Tenga en cuenta que la respuesta no será inmediata.	Escriba al correo electrónico traumahealing@americanbiblesociety.org. Tenga en cuenta que la respuesta no será inmediata.
Cómo usarlo		Cada página de la base de datos cuenta con un tutorial que también está publicado en la sección para facilitadores de la página web. Si encuentra algún problema, por favor, informe a traumahealing@americanbible.org

Como grupo, practiquen el proceso de ingresar una nueva sesión de capacitación en la base de datos, incluyendo la hoja de cálculo adjunta del facilitador y usando la página de comunicaciones para incluir fotos y testimonios. Naveguen juntos por otras partes de la página si el tiempo lo permite y según el interés que tengan. Una vez que se haya presentado en la sesión, asigne como tarea a los participantes que lean el tutorial de la base de datos.

13. Escribir testimonios del tratamiento del trauma (90 min)

Repase los principios sobre cómo compartir los testimonios y la debida autorización (página 122). Los facilitadores necesitan ser capaces de escribir bien los testimonios. Esto es más difícil que dar testimonios de manera oral.

Diálogo con todo el grupo

1. ¿Cómo escribir bien un testimonio?
2. ¿Qué cosas deben evitarse?

Reciba las respuestas y luego añada aquello que aún no se haya mencionado.

Un testimonio debe incluir tres partes:

1. La persona y el problema (dar detalles)
2. Su participación en «Sanar las heridas del corazón» (dar detalles)
3. Cómo cambió la persona (dar detalles)

Otras cosas para tener en cuenta:
- Cómo se utilizará el testimonio: impreso, en línea, en la radio, en el periódico o en otros medios. Debe prepararse el testimonio teniendo esto en cuenta.
- La audiencia: dé la información de fondo que ellos necesitan para entender.
- Sea breve: máximo de una página escrita a mano.

Nunca:
- Pida dinero
- Dé sermones
- Use muchas palabras que no dicen nada.

Ejercicio

1. Escriba un testimonio de cómo «Sanar las heridas del corazón» le ayudó a alguien.
2. Léalo en voz alta a su pequeño grupo.
3. Reciba las opiniones del grupo: ¿Qué les gustó? ¿Cómo podría mejorarse?
4. Comparta algunos de los mejores con todo el grupo.
5. Revise el testimonio, haga una copia si es necesario y entréguelo al líder de la sesión.

Manual del facilitador, programa clásico

El líder de la sesión debe revisar los testimonios, y hacer más comentarios para la revisión. Fotocopie o escriba los testimonios y devuelva un ejemplar al autor. Si los testimonios pueden ser utilizados en materiales de promoción, pídale al autor que firme el formulario de autorización.

14. Financiamiento (45 min)

Para que el tratamiento del trauma sea continuo, este debe ser apoyado a través de la economía local en la medida de lo posible. «Grupos para sanar» normalmente no necesita financiación, pero sí es necesario en las sesiones de información, las sesiones de capacitación y los encuentros de comunidad de práctica. Lluvia de ideas en grupos regionales:

1. ¿Cómo podría el programa financiarse desde dentro de la comunidad?
2. ¿Quiénes son los posibles donantes de la comunidad que podrían ayudar a cubrir los gastos? Tenga en cuenta las multinacionales y los bancos
3. ¿Cómo se puede compartir la visión del programa con ellos? ¿Podría ayudar una carta firmada por la Sociedad Bíblica nacional?

Comparta las respuestas con todo el grupo.

15. Planificación y metas de impacto

Establezca las metas de cuántas personas planean, cada facilitador y cada equipo, alcanzar en los próximos doce meses. Por ejemplo:

Sesión de información	Según lo requiera el equipo.
Grupos para sanar	Cada facilitador de «Grupos para sanar» liderará tres grupos de 6 personas cada año.
Sesión de capacitación	Cada facilitador de capacitación ayudará en una sesión de capacitación inicial que incluya 35 personas cada año y será parte del equipo de trabajo de una sesión avanzada.

Planifique todo el programa y su desarrollo para el próximo año, incluyendo las metas y las actividades: qué, cuándo, dónde, para quién, con qué facilitadores y así sucesivamente.

Establezca con claridad el protocolo de los informes: póngase de acuerdo sobre quién enviará a quién los informes; cuándo y cómo; y cómo se ingresarán los informes a la base de datos del Instituto.

Incluya en los planes una comunidad de práctica en el país o zona. En algunos casos, esto significará unirse a una comunidad ya establecida; en otros casos, significará iniciar una nueva comunidad de práctica.

EVALUACIÓN Y CERTIFICACIÓN

Como equipo de trabajo póngase de acuerdo sobre la evaluación de los participantes y utilicen los mismos criterios que en la sesión inicial y, además, tengan en cuenta el trabajo del tratamiento de trauma que hicieron durante la práctica. Al final de la sesión, otorgue los certificados. Cada tipo de facilitador requiere ciertos dones. No hay una división jerárquica, necesariamente.

- **Aprendiz de facilitador:** para aquellos que necesitan un poco más de capacitación antes de que puedan facilitar por su propia cuenta.

- **Facilitador de «Grupos para sanar»:** aquellos que son capaces de liderar «Grupos para sanar» (pero no deben entrenar a otros).

- **Facilitador de capacitación:** quienes pueden entrenar a otros y también pueden liderar «Grupos para sanar».

- **Maestro facilitador en entrenamiento:** aquellos que muestran potencial para convertirse en maestros facilitadores.

- **Certificado de participación:** los que (todavía) no reúnen los requisitos necesarios para los otros niveles.

Algunas pocas veces, las personas que tienen mucha experiencia en ayudar a los demás y en la facilitación pueden calificar como maestros facilitadores en una sesión avanzada; pero generalmente las personas necesitan enseñar conjuntamente con otros una vez o más, antes de estar listos para ser certificados como maestros facilitadores.

INFORMES DE UNA SESIÓN DE CAPACITACIÓN AVANZADA

Los informes sobre la sesión avanzada se hacen tal como los de las sesiones iniciales. En la hoja de cálculo, solo se necesitan los nombres, las pruebas y los puntajes de la práctica de facilitación, el tipo de certificado otorgado y los comentarios. **Asegúrese de actualizar el estado del participante en la base de datos.**

Reuniones de la comunidad de práctica

La comunidad de práctica del tratamiento del trauma (COP por sus siglas en inglés) se compone de todos aquellos que ayudan a las personas que sufren un trauma. Se pueden incluir facilitadores, administradores, benefactores y profesionales de la salud mental.

Una vez el tratamiento del trauma está desarrollándose en un área, es tiempo de organizar una reunión de la comunidad de práctica para continuar mejorando las habilidades, el ministerio y la motivación para esta importante tarea. Estas reuniones se pueden organizar a nivel nacional, regional o por ciudades.

La necesidad del tratamiento del trauma es tan grande y urgente que las iglesias y las organizaciones no pueden trabajar aisladas sino en colaboración.

Resultado deseado:

- Aumentar las habilidades y conocimientos de los facilitadores.
- Concientizar sobre el modelo del programa y los materiales.
- Compartir desarrollos en el modelo y en los materiales del tratamiento del trauma.
- Crear estrategias para responder a los desafíos actuales y sacar provecho del ministerios de los demás.
- Desarrollar relaciones personales con otros que trabajan en la atención del trauma.
- Darse ánimos y orar los unos por los otros.

A quién invitar:

- Maestros facilitadores en el área y una selección de facilitadores de capacitación.
- Profesionales de la salud mental.
- Líderes religiosos de todas las iglesias de su área.
- Líderes de organizaciones.
- Socios financieros.

Planificar la reunión

La comunidad de práctica tiene una duración de entre uno a tres días. El programa puede incluir:

- Reportes sobre las actividades, desafíos y logros del tratamiento del trauma. Utilice un mapa grande de la zona y que los presentadores indiquen dónde están trabajando y así saber dónde se necesita trabajar aún.

- Noticias sobre «Sanar las heridas del corazón» alrededor del mundo.

- Evaluar dónde el programa sigue siendo necesario.

- Desarrollo profesional: identifique temas importantes y encuentre un profesional de la salud mental, ya sea local o de afuera, para dar una presentación. Se pueden encontrar recursos útiles en la página web del Instituto *Trauma Healing*.

- Solución de problemas

- Resultados de investigación

- Planificación para el futuro

- Sesiones de cuidar al que cuida

- Oración

Opciones de presupuesto

Existen varias opciones para la financiación de una reunión de comunidad de práctica:

1. Cuota de inscripción que cubra todos los gastos. Se pueden dar becas para satisfacer necesidades específicas.

2. Los participantes cubren los gastos de viaje pero los demás gastos son cubiertos por la organización anfitriona.

3. Todos los gastos están cubiertos por la organización anfitriona.

Informe

Complete el informe para tener un registro de su sesión. Véase la página 133.

Apéndice 1: Materiales de grupos para sanar

MODELO DE UN CERTIFICADO DE PARTICIPACIÓN DE GRUPOS PARA SANAR

CERTIFICADO

El Instituto *Trauma Healing*

GRUPO «SANAR LAS HERIDAS DEL CORAZÓN»

ha completado el

Presentado por

Lugar

Fecha

Trauma Healing Institute
La Palabra de Dios restaura vidas

AMERICAN BIBLE SOCIETY

AUTORIZACIÓN PARA LA DIFUSIÓN DE TESTIMONIOS Y GRABACIONES

Autorización grupal

Haga una copia de esta página o prepare su propia autorización incluyendo la siguiente información. Pida a los participantes que escriban el nombre y luego firmen como autorización para el uso del material fotográfico y las grabaciones en las que estén presentes.

Fecha:_____ Lugar:_____

Yo autorizo, a las Sociedades Bíblicas y a sus socios, el uso del material fotográfico y grabaciones de voz o video en las que estoy presente, para promover el programa Sanar las heridas del corazón. Soy mayor de edad.

Nombre   Firma

Autorización individual

Si el origen del testimonio, foto o video es una sola persona; pida autorización antes de compartirlo. Use este modelo o cree uno propio incluyendo la siguiente información.

Descripción del artículo: _____

Yo autorizo, a las Sociedades Bíblicas y a sus socios, el uso de dicho material para promover el programa Sanar las heridas del corazón. El material es de mi propiedad y libremente doy esta autorización.

Nombre:_____ ❑ Mayor de edad.

Firma:_____ ❑ Usar anónimamente.

Fecha:_____ Lugar:_____

INFORME DEL GRUPO PARA SANAR

Lugar:

    cuidad, estado, país

Organización
anfitriona

Fecha de inicio

Fecha de finalización

Tiempo y duración
de las reuniones (dos
horas cada semana,
todo un día, etc.)

Total de horas

Idioma principal

Otros idiomas hablados

Facilitador principal

Facilitadores que
colaboraron

Lecciones presentadas

❑ Todas   ❑ Las lecciones principales
❑ 1   ❑ 2   ❑ 3
❑ 4   ❑ 5   ❑ 6   ❑ *6A*   ❑ *6B*   ❑ *6C*
❑ 7   ❑ 8   ❑ 9   ❑ 10   ❑ 11   ❑ *11A*

Número de participantes
que iniciaron:

Número de participantes
que lo completaron:

Número de participantes
que lo completaron:

    ____ Hombres

    ____ Mujeres

Número de participantes que lo completaron	_____ Anglicanos
	_____ Católicos
	_____ Ortodoxos
	_____ Protestantes
	_____ Otros: _____

¿Cuáles fueron los elementos positivos de la experiencia?

¿Qué desafíos encontró?

Por favor, incluya por lo menos dos testimonios con fotos y autorización, si es posible.

Este reporte está disponible en formato .doc en el sitio web: traumahealinginstitute.org. Envíe al administrador del programa o al correo electrónico traumahealinginstitute@ americanbible.org.

EJERCICIOS ADICIONALES

Estos ejercicios están incluidos en la versión internacional aumentada de 2016 del libro *Sanar las heridas del corazón* (Lecciones 2 y 7), y se incluyen aquí con el fin de ayudar a los facilitadores que están usando otras versiones.

EJERCICIO DE RESPIRACIÓN

Personas con heridas en el corazón, a menudo, pueden sentirse como derrotadas por fuertes sentimientos. Este ejercicio de respiración puede ayudar a retomar el control y a tranquilizarse.

1. Siéntese cómodamente

2. Cierre los ojos. Y trate de sentir su propio respirar.

3. Respire despacio: inhale... exhale... piense en usted, en su nombre, trate de sentir cómo la calma llega con cada respiro.

4. Imagínese que está en un lugar tranquilo: en la playa, en una montaña, cerca de un árbol... Puede estar solo o en compañía de un ser querido. Imagínese que Jesús le dice que lo ama.

5. Continúe sintiendo su propio respirar: inhale... exhale... inhale... exhale...

6. Después de cinco minutos, abra los ojos. Haga ejercicios de estiramiento y respire profundo.

EJERCICIO DEL CONTENEDOR

A veces podemos sentir agotamiento por lo que hemos experimentado, y la situación no permite que expresemos lo que sentimos. Este ejercicio está diseñado para ayudar en estos casos.

Cierre los ojos, o mire hacia abajo para que no se distraiga. Imagínese un contenedor. Puede ser una caja grande o un contenedor de carga. Imagínese una manera de cerrar con llave ese contenedor, puede ser con un candado o una cerradura.

Ahora imagínese una manera de poner todas las cosas que le molestan en este momento dentro del contenedor: cosas pequeñas, cosas grandes, todo lo que le molesta. Cuando todo esté dentro del contenedor, ciérrelo. Ahora ciérrelo con llave y ponga la llave en un lugar seguro. No la tire. Cuando esté preparado abra los ojos.

Más tarde, trate de buscar un tiempo de reposo. Tome la llave, abra el contenedor, y saque, una por una, las cosas que ha puesto en el contenedor. Tal vez sería útil encontrar a alguien que le ayude a hablar sobre esto. No los deje para siempre en un contenedor.

EJERCICIO DEL ÁRBOL

Este es un ejercicio para incrementar la resistencia. Hacer este ejercicio cuando no esté bajo estrés le ayudará a estar preparado para cuando el estrés venga.

Lea el Salmo 1 (es muy importante). Ahora cierre los ojos (o dirija la mirada aun lugar fijo). Imagínese que es un árbol:

- ¿Qué clase de árbol sería usted? Visualícese como ese árbol
- En su imaginación, observe alrededor: ¿Está ese árbol solo?
- ¿Cómo es el paisaje a su alrededor?

Ahora observe el tronco del árbol:

- Note cómo el tronco se extiende hasta llegar bajo la tierra y, luego, sube hasta las ramas altas. Siga recorriendo las ramas hasta llegar a las hojas (si es un árbol frutal, imagínese el fruto colgando de las ramas).

Ahora siga el tronco hasta llegar a las raíces:

- Observe las raíces, ¿es una sola raíz o hay muchas raíces saliendo del tronco? Observe cómo las raíces están ancladas en la tierra.
- Ahora, observe cómo el sistema de raíces trae el agua y los nutrientes a la raíz, y cómo los nutrientes viajan hacia arriba del árbol y llegan hasta las ramas.

Observe el clima:

- Imagínese que el sol vierte su luz sobre las hojas, que hacen oxígeno. Imagínese que el árbol está ahí, y tiene la temperatura y la luz indicada.
- Ahora, el árbol necesita algo de agua. Imagínese una llovizna suave cayendo sobre las hojas y bajando a las raíces. Baja... baja a las raíces. Imagínese la humedad que siendo consumida por las raíces, sube al árbol.
- Ahora imagínese que cesa la llovizna y sale de nuevo el sol y seca las hojas.

Ahora el árbol tiene algunos pequeños animales: quizá pájaros, ardillas o mariposas revoloteando a su alrededor. Observe toda esa actividad.

Ahora viene una tormenta:

- Nubes negras suben en la distancia. La tormenta, aunque vendrá sin remedio, no le hará daño al árbol.
- El viento acelera su velocidad y las nubes se acercan. Las ramas se mueven. El tronco va y viene con el viento. Algunas hojas son arrebatadas por el viento y los frutos se caen.
- Ahora imagínese que las raíces están firmes y sostienen el árbol; aunque permiten que el viento lo lleve y lo traiga. Deje que la tormenta pase por un momento. Sienta ese árbol moviéndose a causa del viento, pero plantado firme con sus raíces en la tierra.
- Ahora la tormenta se detiene gradual y lentamente, y todo regresa a la calma.
- ¿Cómo se siente el árbol después de la tormenta?
- Ahora vuelve el sol; los insectos y los pájaros también regresan. Imagínese que todo vuelve a la normalidad.

Cuando el árbol esté de nuevo tranquilo, el sol brille, los insectos y los pájaros hayan regresado, respire profundo, despacio y abra los ojos.

Apéndice 2: Materiales para las otras sesiones

FORMULARIO DE RESPUESTA ORGANIZACIONAL PARA LA SESIÓN DE INFORMACIÓN

Iglesia u organización: _____

1. Nombre e información de la persona autorizada para tomar la decisión final sobre la participación en el programa:

    Nombre: _____

    Teléfono: _____

    Correo electrónico: _____

2. ¿Existe actualmente en su iglesia u organización algún programa para el tratamiento del trauma?

    ❑ Sí ❑ No ¿Cuál? _____

    _____

3. ¿Está interesada su iglesia u organización en implementar este modelo de tratamiento del trauma como parte de su ministerio?

    ❑ Definitivamente sí
    ❑ Probablemente sí
    ❑ Probablemente no
    ❑ Definitivamente no

INFORME DE UNA SESIÓN DE INFORMACIÓN

Lugar:
ciudad
estado
país
Fecha de inicio
Duración de la reunión (horas)
Organización anfitriona
Idioma principal
Otros idiomas en uso
Financiación:
Si hay financiación externa, ¿de quién?
Si la comunidad financia, ¿qué porcentaje?

Facilitador principal
Facilitadores auxiliares

Número de participantes
Número de organizaciones representadas
Idioma recomendado para la sesión de capacitación inicial
Número de organizaciones interesadas en el programa:
Definitivamente sí: Probablemente no:
Probablemente sí: Definitivamente no:

Un mapa del trauma

Áreas más afectadas	Causas del trauma	Personas afectadas
Territorio #1:	❏ violencia ❏ abuso sexual ❏ desastre natural ❏ accidente otros: _____	❏ todos ❏ hombres ❏ mujeres ❏ jóvenes ❏ niños
Territorio #2:	❏ violencia ❏ abuso sexual ❏ desastre natural ❏ accidente otros: _____	❏ todos ❏ hombres ❏ mujeres ❏ jóvenes ❏ niños
Territorio #3:	❏ violencia ❏ abuso sexual ❏ desastre natural ❏ accidente otros: _____	❏ todos ❏ hombres ❏ mujeres ❏ jóvenes ❏ niños

Añada tantas filas como sean necesarias.

Este reporte está disponible en formato .doc en el sitio web: traumahealinginstitute. org. Una vez terminado, envíelo al correo electrónico traumahealinginstitute@ americanbible.org.

INFORME DE UNA SESIÓN ESPECIAL DE GRUPOS PARA SANAR

Nombre: _____ Mes: _____

Fecha	
Lugar	
Tipo de grupo	
Primer (segundo o tercer) encuentro	
Duración del encuentro	
Facilitador principal	
Facilitadores auxiliares	
Lecciones o partes de las lecciones impartidas	
Idiomas usados	
Número de participantes	

Adjunte los testimonios. Este reporte está disponible en formato .doc en el sitio web: traumahealinginstitute.org. Una vez terminado, envíelo al correo electrónico traumahealinginstitute@americanbible.org

INFORME DE UNA SESIÓN DE CAPACITACIÓN (CLÁSICA)

Envíe la información del participante junto con este informe a través de un escáner o ingresando la información del participante en la hoja de cálculo (disponible en el sitio web traumahealinginstitute.org).

Territorio:

ciudad, estado, país

¿Sesión inicial o avanzada?

❑ inicial
❑ inicial (continuación)
❑ avanzada

Organización anfitriona

Fecha de inicio

Fecha de finalización

Total de horas

Duración de las reuniones
(dos horas cada semana,
todo un día, etc.)

Idioma principal

Otros idiomas en uso

Financiación:
Si hay financiación externa, ¿de quién?

Si la comunidad financia, ¿qué porcentaje?

Facilitador principal

Facilitadores
auxiliares

Lecciones presentadas	❑ Todas		❑ Lecciones principales			
	❑ 1	❑ 2	❑ 3			
	❑ 4	❑ 5	❑ 6	❑ 6A	❑ 6B	❑ 6C
	❑ 7	❑ 8	❑ 9	❑ 10	❑ 11	❑ 11A

Número de participantes que iniciaron

Número de participantes que lo completaron

| Número de participantes que lo completaron: | _____ hombres |
| | _____ mujeres |

	_____ Anglicanos
Número de participantes que lo completaron:	_____ Católicos
	_____ Ortodoxos
	_____ Protestantes
	_____ Otros: _____

¿Cuáles fueron los elementos positivos de la experiencia?

¿Qué desafíos encontró?

Por favor, si es posible, incluya por lo menos dos testimonios con fotos y autorización.

Este reporte está disponible en formato .doc en el sitio web: traumahealinginstitute. org. Una vez terminado, envíelo al administrador del programa o al correo electrónico traumahealinginstitute@americanbible.org

INFORME DE LA COMUNIDAD DE PRÁCTICA

Lugar:

ciudad,
estado,
país

Fecha de inicio

Número de
participantes

Fecha de
finalización

Número de
organizaciones
representadas

Número de
horas del
encuentro

Número de
organiza-
ciones con
tratamiento
del trauma
con «Sanar las
heridas del
corazón»

Concientiza-
das

Organización
anfitriona

Utilizan una
parte

Idioma
principal

Utilizan
todo

Otros idiomas
en uso

Son un socio
certificado

Facilitador
principal

Temas y presentadores para el
desarrollo profesional:

Facilitadores
auxiliares/pre-
sentadores

Financiación
(porcentaje):

Inscripciones

Becas de organi-
zaciones locales

Becas de
benefactores
externos

Por favor, adjunte el cronograma y la lista de participantes de la Comunidad de práctica.

Problemas identificados que necesitan respuesta:

Resultados prácticos (por ejemplo, fechas para eventos, etc.):

Logros y desafíos:

Este reporte está disponible en formato .doc en el sitio web: traumahealinginstitute. org. Una vez terminado, envíelo al administrador del programa o al correo electrónico traumahealinginstitute@americanbible.org.

INFORMACIÓN DEL PARTICIPANTE

Primer nombre:

Apellidos:

Cómo quiere que aparezca en el certificado:

Teléfono:

Correo electrónico:

Género: Fecha de nacimiento *(opcional)*:
❑ hombre ❑ mujer

Dirección (calle, ciudad, estado/provincia, código postal):

País de origen:

País del ministerio (si es diferente):

Idioma de preferencia:

Otros idiomas hablados con fluidez:

Iglesia/denominación:

Organización *(si aplica)*:

Número de años de educación formal *(opcional)*

(a partir de primer grado):

¿Ha tenido capacitación en salud mental? *(opcional)*

❏ sí ❏ no   En caso afirmativo, ¿cuántos años?

¿Ha tenido capacitación en un instituto bíblico o seminario? *(opcional)*

❏ sí ❏ no   En caso afirmativo, ¿cuántos años?

¿Ha vivido en otra cultura? *(opcional)*

❏ sí ❏ no   En caso afirmativo, ¿cuántos años?

Información personal de quien lo recomienda para convertirse en un facilitador del programa:

EXAMEN DE LA SESIÓN DE CAPACITACIÓN INICIAL

Adapte este examen a su sesión. Para las preguntas 10 y 11, elija preguntas de las lecciones opcionales que ha presentado. Asegúrese de que tiene un total de 30 puntos disponibles.

Nombre: _____

1. El sufrimiento ha existido siempre en el mundo. Dé dos razones de cómo empezó. *(2 puntos)*

2. ¿Cómo es afectada nuestra comprensión de cómo es Dios por nuestra experiencia con nuestro padre terrenal? *(1 punto)*

3. ¿Cuál es la forma más importante en la que puede usted ayudar a alguien que tiene heridas en el corazón? *(1 punto)*

4. ¿Cuáles son las tres preguntas de las que hablamos anteriormente que serán útiles para cuando escuche a alguien que habla de su dolor? *(3 puntos)*

5. ¿Cómo se comportan las personas que tienen heridas en el corazón? Enumere tres ejemplos. *(3 puntos)*

6. Dé dos ejemplos de cosas que pueden hacer más difícil el proceso del duelo. *(2 puntos)*

7. ¿Cómo podemos ayudar a alguien que ha sido víctima de una violación sexual? Enumere tres maneras. *(3 puntos)*

8. Si alguien le dijera que los cristianos nunca deben sentirse tristes o enojados, ¿cuáles serían dos pasajes bíblicos que utilizaría para demostrar que esto no es cierto? (dé las citas bíblicas o diga lo que dice el pasaje). *(2 puntos)*

9. Haga una lista de las tres partes de un salmo de lamento, incluyendo su parte más importante. *(3 puntos)*

10. **(Para L6:)** En todo el mundo, ¿cuáles son las dos formas más comunes de infectarse con el VIH? **(Para L6B:)** Si usted se da cuenta de que alguien está pensando en suicidarse, ¿cuáles serían dos cosas que podría hacer para ayudarlos? **(Para L6C:)** Nombre dos de las etapas de la recuperación de las adicciones. *(2 puntos)*

11. **(Para L6A:)** Dibuje el ciclo de violencia doméstica e incluya el nombre de las tres partes. **(Para L7:)** Enumere tres maneras en las que el que cuida puede cuidar de sí mismo. *(3 puntos)*

12. Dé dos razones de por qué debemos perdonar a quienes nos han ofendido. *(2 puntos)*

13. En el reverso de esta página, dibuje el «Camino del duelo», desde el «evento de crisis» hasta el final. Etiquete las aldeas. *(3 puntos)*

HOJA DE RESPUESTAS DEL EXAMEN DE LA SESIÓN DE CAPACITACIÓN INICIAL

30 puntos en total, mas una bonificación de 1 punto.

1. El sufrimiento ha existido siempre en el mundo. Dé dos razones de cómo empezó.

   Respuesta: Son correctas cualquiera de las siguientes. 2 puntos.

   - Debido a la caída, el pecado de Adán y de Eva.
   - Por Satanás.
   - Debido a que Dios nos ha dado libre elección y a veces elegimos hacer el mal o sufrimos porque otros decidieron hacerlo.

2. ¿Cómo es afectada nuestra comprensión de cómo es Dios por nuestra experiencia con nuestro padre terrenal?

   Respuesta: 1 punto.

   - Nosotros imaginamos a nuestro Padre celestial según lo que experimentamos con nuestro padre terrenal. Si solo hemos experimentado un padre cruel o ausente, es muy difícil saber lo que es tener un padre amoroso.

3. ¿Cuál es la forma más importante en la que puede ayudar a alguien que tiene heridas del corazón?

   Respuesta: 1 punto

   - Escucharlo y ayudarle a desahogar su dolor.

4. ¿Cuáles son las tres preguntas de las que hablamos anteriormente que serán útiles para cuando escuche a alguien que habla de su dolor?

   Respuesta (acepte solo este tres respuestas): 3 puntos

   - ¿Qué sucedió?
   - ¿Cómo se sintió?
   - ¿Qué fue lo más difícil para usted?

5. ¿Cómo se comportan las personas que tienen heridas en el corazón? Enumere tres ejemplos.

   Respuesta: Cada uno de los elementos de la siguiente lista es un punto; o «revivir, evitar, estar alerta»: 3 puntos.

   - Pueden estar nerviosos o asustadizos
   - Pueden estar enojados sin ninguna razón.
   - Pueden estar muy tristes e incluso intentar suicidarse.
   - Pueden desconectarse de los demás y querer estar a solas.

- Pueden tener pesadillas, ser incapaces de dormir o dormir todo el tiempo.
- Pueden hablar de su mala experiencia todo el tiempo y a todo el mundo, o decidir no hablar con nadie.
- Pueden intentar evitar su dolor consumiendo drogas, alcohol o trabajando sin descanso.
- Pueden evitar cualquier cosa que les recuerda el evento doloroso, como cierto lugar, o aviones, entre otras.
- Pueden tener dolores de cabeza y de estómago para los cuales los médicos no encuentran ninguna causa.
- Pueden tener un latido cardíaco rápido o irregular o sentirse temblorosos.
- Pueden tener dificultad para concentrarse (ser distraídos por su dolor).
- Pueden sentirse como reviviendo de nuevo el evento doloroso. Este importuna sus vidas en momentos inesperados.
- Pueden adormecerse o sentirse paralizados emocionalmente: no se conmueven al ver cadáveres, escenas violentas, están como sin energía, no sienten emociones.

6. Dé dos ejemplos de cosas que pueden hacer más difícil el proceso del duelo.

Respuesta: 2 puntos.

- El puente falso: la creencia de que no tenemos que hacer duelo por las pérdidas y podemos ir directamente desde la crisis a la aldea de los nuevos comienzos sin jamás sentirnos enojados, en negación o tristes.
- La creencia de que no es bueno llorar, especialmente para los hombres. (Algunas culturas tienen un tiempo en el cual las personas deben llorar en los funerales, eso no es lo mismo que permitir que las lágrimas fluyan sinceramente). Otras prácticas y creencias culturales también nos pueden privar del duelo. Evalúelos.
- El tipo de pérdida: cuando no hay un cadáver ni forma de confirmar que la persona ha muerto.
- Cuando estamos tan ocupados ayudando a los demás que no hacemos nuestro propio proceso de duelo.

7. ¿Cómo podemos ayudar a alguien que ha sido víctima de una violación sexual? Enumere tres maneras.

Respuesta: 3 puntos.

- Obtener ayuda médica dentro de las 48 horas siguientes.
- Escucharles y ayudarles a desahogar su dolor.
- Mantener la confidencialidad.
- Hacerles saber que los ama y, cuando estén listos para escucharlo, que Dios los ama.
- Ayudarles a llevar su dolor a la cruz.

- Ayudarles a comprender que necesitan empezar a perdonar al violador, cuando estén listos para hacerlo.
- Ayudar a la comunidad a aceptar a los niños nacidos a raíz de la violación.

8. Si alguien le dijera que los cristianos nunca deben sentirse tristes o enojados, ¿cuáles serían dos pasajes bíblicos que utilizaría para demostrar que esto no es cierto? (dé las citas bíblicas o diga lo que dice el pasaje).

Respuestas: 2 puntos

- Salmos de lamento.
- Jesús en la cruz.
- Jesús tras la muerte de Lázaro.
- Ana.
- Jesús en el huerto de Getsemaní.
- Pedro después de negar a Cristo.

9. Haga una lista de las tres partes de un salmo de lamento, incluyendo su parte más importante.

Respuesta: tres de las siguientes, pero debe incluir la número 3, la queja: 3 puntos.

- Una invocación a Dios (Oh, Dios).
- Un recuento de la fidelidad de Dios en el pasado.
- **Una queja.**
- Una confesión de pecado o afirmación de inocencia.
- Una petición de ayuda.
- La respuesta de Dios (a menudo no indicada).
- Un voto de alabanza y afirmación de la confianza en Dios.

10. Preguntas de las lecciones opcionales

Respuesta: 2 puntos

- *Para L6: VIH*: En todo el mundo, ¿cuáles son las dos formas más comunes de infectarse con el VIH?

  - Tener relaciones sexuales sin protección con alguien que tiene VIH.
  - Transmisión de la madre al bebé durante el parto o la lactancia.

- *Para L6B: Suicidio*: Si usted se da cuenta de que alguien está pensando en suicidarse, ¿cuáles serían dos cosas que podría hacer para ayudarlos?

  - *Cualquier elemento de la siguiente lista*: escucharlos, preguntarles si están considerando el suicidio, quitar de su entorno las cosas que pueden utilizar para suicidarse, alguien tiene que quedarse con ellos día y noche, preguntarles sobre algo que podría mejorar un poco su situación y ayudarles basado en eso o en cualquier muestra de esperanza que puedan tener. Asegurarles que ellos no son los únicos que se han sentido así. Orar por ellos. Ayudarles a contactar a un consejero, a obtener una prescripción médica o a conectarse con otras personas. Ayudarles a expresar su dolor y llevarlo a Cristo para ser sanado.

• *Para L6C: Adicciones:* Nombre dos de las etapas de la recuperación de las adicciones.

Respuesta: Las formulaciones de las dos columnas son correctas (máximo de 2 puntos).

Etapa 1	«¡No pasa nada, déjame en paz!»	No está listo
Etapa 2	«Tal vez soy adicto».	Casi listo
Etapa 3	«Soy adicto, tengo que dejarlo»	Listo
Etapa 4	«¡Oh, no! ¡Lo hice de nuevo!»	Volver a empezar

11. Preguntas de las lecciones opcionales

• *Para L6A: El abuso doméstico:* Dibuje el ciclo de violencia doméstica e incluya el nombre de las tres partes.

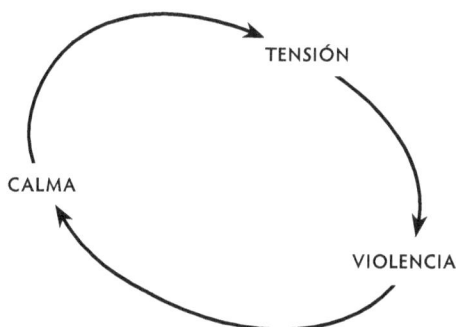

• *Para L7: El que cuida:* Enumere tres maneras en las que el que cuida puede cuidar de sí mismo.

Respuestas: Cada uno de los elementos de la siguiente lista es un punto, máximo 3 puntos.

• Tomar tiempo libre: vacaciones, un día a la semana, por mencionar algunos. Deje que Dios lo cuide.
• Delegar responsabilidades a otros y enseñar a los miembros de la iglesia a pedirle también ayuda a los otros miembros, no siempre a usted.
• Comer bien. No saltarse las comidas.
• Hacer ejercicio físico.

- Tener a alguien con quien compartir las cargas, por ejemplo, otro líder religioso.

12. Dé dos razones de por qué debemos perdonar a quienes nos han ofendido.

Respuesta: Cada uno de los elementos de la siguiente lista es un punto, máximo 2 puntos.

- Nos libera de la ira y la amargura.
- Nos permite recibir el perdón de Dios por nuestros pecados.
- Es signo de que entendemos el sacrificio de Cristo.
- Nos permite reconciliarnos con los demás.
- Puede cambiar a la persona que nos ofendió.

13. En el reverso de esta página, dibuje el «Camino del duelo», desde el «evento de crisis» hasta el final. Etiquete las aldeas.

Respuesta: 3 puntos, más una bonificación de 1 punto.

- Véase la página 32 de *Sanar las heridas del corazón*. Pueden incluir el puente falso que se encuentra en la página 36 del mismo libro. 1 punto por cada aldea nombrada correctamente, más una bonificación de 1 punto por el puente falso.

EJERCICIO PARA RECONOCER EL AGOTAMIENTO

Complete este cuadro basándose en lo que sintió durante el mes pasado.

		Nunca	Rara vez	Algu- nas veces	A menudo	Siem- pre
		0	1	2	3	4
1	Me siento muy cansado o lento muchas veces, incluso cuando consigo dormir bien.					
2	Me molesto fácilmente cuando otras personas me piden algo o cuando cuentan historias acerca de sus actividades diarias.					
3	Me siento independiente, y no me preocupo realmente por los problemas y necesidades de otras personas.					
4	Cada vez es más difícil mostrar interés por mi trabajo.					
5	Me siento triste.					
6	Me he vuelto distraído. Se me olvidan las citas con las personas, las fechas límite de las obligaciones y los objetos personales.					
7	Evito personas y ni siquiera disfruto de estar alrededor de amigos cercanos y miembros de la familia.					
8	Me siento sobrecargado por las responsabilidades y la presión.					
9	He estado experimentando problemas físicos como dolores de estómago, dolores de cabeza, resfriados persistentes y dolores en general.					
10	Tengo problemas para dormir (para quedar dormido, para permanecer dormido, para despertarme, pesadi-llas, entre otros).					
11	Tengo dificultades para tomar decisiones.					
12	Me siento agobiado por las presiones y responsabili-dades.					
13	Tengo poco entusiasmo para con mi trabajo y cuando pienso en mi trabajo mis sentimientos son en su mayoría negativos.					
14	En el trabajo, no cumplo con las expectativas que tengo para mí mismo o que otros tienen para mí. Me siento menos eficiente de lo que debo ser.					
15	He estado comiendo más (o menos), fumando más cigarrillos o usando más alcohol o drogas.					
16	Siento que no puedo resolver los problemas que me son asignados en el trabajo.					

	Nunca	Rara vez	Algu- nas veces	A menudo	Siem- pre
	0	1	2	3	4
17 Siento que mi trabajo es insignificante y que no marca realmente una diferencia.					
18 Me siento «utilizado» y poco apreciado en el trabajo.					
19 Me frustro e irrito fácilmente por pequeños inconve- nientes.					
20 Tengo dificultad para concentrarme en el trabajan y terminar las tareas.					
21 Siento que tengo demasiado (o muy poco) trabajo para hacer.					
22 Trabajo muchas horas (más de diez al día) o no tengo al menos un día de descanso cada semana.					
23 Me encuentro involucrado en conflictos con algunos compañeros de trabajo o miembros de la familia.					
24 No me preocupo si termino mi trabajo o lo hago bien.					
25 Me parece que mi supervisor y compañeros de trabajo son en gran medida incompetentes y no hacen bien su trabajo.					

PUNTUACIÓN TOTAL

Tomado del Instituto *Headington*

COMENTARIOS DE LOS PARTICIPANTES

Nombre (opcional): _____

☐ *Marcando esta casilla usted concede permiso para utilizar sus comentarios anónimamente a fin de promover el programa «Sanar las heridas del corazón».*

1. ¿Qué sesión le pareció más útil? ¿Por qué?

2. ¿Qué sesión le resultó más difícil?

3. ¿Hay cosas que esperaba aprender en esta sesión que no fueron abarcadas?

4. ¿Qué cambios, si los hubiere, cree que podrían mejorar la capacitación?

5. ¿Cómo lo ha impactado este seminario? (por ejemplo: aprender algo nuevo, el sanar las propias heridas, sentirse más capaz de ayudar a otros, entre otras cosas).

6. ¿Tiene algún otro comentario?

www.ingramcontent.com/pod-product-compliance
Lightning Source LLC
Chambersburg PA
CBHW061729020426
42331CB00006B/1162